forest, for+rest
走進森林讓身心靈休息、
讓健康永續

# 森林療癒力

余家斌／著

# 目次

推薦序 來看，這個說故事的人／林一真 ⋯⋯⋯⋯⋯ 8

推薦序 在森林的擁抱裡找回自己／林華慶 ⋯⋯⋯⋯ 10

推薦序 森林療癒力無所不在／袁孝維 ⋯⋯⋯⋯⋯⋯ 12

自序 與自然共存 ⋯⋯⋯⋯⋯⋯⋯⋯⋯⋯⋯⋯⋯⋯ 14

## Chapter 1

# 都市化帶來的
# 健康問題

人類生存環境的轉變 ⋯⋯⋯⋯⋯⋯⋯⋯⋯⋯⋯⋯⋯⋯ 20

都市生活帶來的健康問題 ⋯⋯⋯⋯⋯⋯⋯⋯⋯⋯⋯⋯ 21

瞭解你的負能量，不要被杏仁核綁架 ⋯⋯⋯⋯⋯⋯⋯ 25

都市綠化解決社會治安問題 ⋯⋯⋯⋯⋯⋯⋯⋯⋯⋯⋯ 28

都市公園化，公園森林化，促進健康福祉 ⋯⋯⋯⋯⋯ 29

## Chapter 2

# 健康問題的解決方案
# 森林療癒

森林不只是綠金，也維持人類生存 ⋯⋯⋯⋯⋯⋯⋯⋯ 38

森林療癒的起源 ⋯⋯⋯⋯⋯⋯⋯⋯⋯⋯⋯⋯⋯⋯⋯⋯ 39

什麼是森林療癒？ ⋯⋯⋯⋯⋯⋯⋯⋯⋯⋯⋯⋯⋯⋯⋯ 52

從森林浴到森林療癒 ..... 54

森林療癒，越玩越健康 ..... 57

健康一體 ..... 59

森林療癒與醫學治療 ..... 60

**Chapter 3**

# 森林療癒實證研究
# 健康篇

其實森林很想療癒你，只是你不肯放過自己 ..... 66

只要從都市走入森林就有降低血壓的效果 ..... 70

走入森林可以調節血壓 ..... 72

森林浴體驗可以提升免疫力 ..... 72

森林體驗有助於自律神經功能調節 ..... 74

森林可以改變你的腦波 ..... 76

森林療癒改善心理健康 ..... 79

窗外自然美景讓人提早出院 ..... 81

「垃圾吃、垃圾大」是金ㄟ ..... 82

抗憂鬱疫苗存在於自然土壤中 ⋯⋯⋯⋯⋯⋯⋯⋯⋯⋯⋯ 83

想要功課好，常往自然跑 ⋯⋯⋯⋯⋯⋯⋯⋯⋯⋯⋯⋯⋯ 85

森林療癒提升中高齡創意能力 ⋯⋯⋯⋯⋯⋯⋯⋯⋯⋯⋯ 87

虛擬實境自然體驗在健康照護上的應用 ⋯⋯⋯⋯⋯⋯ 88

接觸自然的劑量 ⋯⋯⋯⋯⋯⋯⋯⋯⋯⋯⋯⋯⋯⋯⋯⋯⋯ 90

森林療癒促進健康的理論基礎 ⋯⋯⋯⋯⋯⋯⋯⋯⋯⋯⋯ 92

療癒的森林環境 ⋯⋯⋯⋯⋯⋯⋯⋯⋯⋯⋯⋯⋯⋯⋯⋯⋯ 97

**Chapter 4**

# 森林療癒實證研究 療癒環境篇

森林療癒環境不只是芬多精、負離子 ⋯⋯⋯⋯⋯⋯⋯ 102

森林環境對健康的影響 ⋯⋯⋯⋯⋯⋯⋯⋯⋯⋯⋯⋯⋯ 102

森林氣候地形療法 ⋯⋯⋯⋯⋯⋯⋯⋯⋯⋯⋯⋯⋯⋯⋯ 109

森林中五感的健康效益 ⋯⋯⋯⋯⋯⋯⋯⋯⋯⋯⋯⋯⋯ 110

森林視覺景觀療癒效果 ⋯⋯⋯⋯⋯⋯⋯⋯⋯⋯⋯⋯⋯ 111

森林觸感與聲音 ⋯⋯⋯⋯⋯⋯⋯⋯⋯⋯⋯⋯⋯⋯⋯⋯ 114

森林空氣的療癒效果 ⋯⋯⋯⋯⋯⋯⋯⋯⋯⋯⋯ 117

森林味覺 ⋯⋯⋯⋯⋯⋯⋯⋯⋯⋯⋯⋯⋯⋯⋯⋯ 122

森林管理有助於療癒環境建構 ⋯⋯⋯⋯⋯⋯ 127

## Chapter 5

# 世界的
# 森林療癒

日本森林療癒 ⋯⋯⋯⋯⋯⋯⋯⋯⋯⋯⋯⋯⋯⋯ 134

德國自然療法 ⋯⋯⋯⋯⋯⋯⋯⋯⋯⋯⋯⋯⋯⋯ 150

韓國山林治癒園 ⋯⋯⋯⋯⋯⋯⋯⋯⋯⋯⋯⋯⋯ 158

## Chapter 6

# 森林療癒
# 在台灣

台灣森林療癒的發展 ⋯⋯⋯⋯⋯⋯⋯⋯⋯⋯⋯ 166

森林療癒如何做才有效？ ⋯⋯⋯⋯⋯⋯⋯⋯⋯ 178

森林裡的健身教練——森林療癒師 —————— 182

樂齡抗老化俱樂部——森林療癒中心 —————— 187

來一場以健康為名的社會運動——森林療癒 —————— 193

## Chapter 7

# 大家都能體驗的
# 森林療癒

台灣的森林療癒活動 —————————————— 198

從事戶外活動要注意安全 —————————— 208

自己可以體驗的森林療癒活動 ——————— 214

參考文獻 ———————————————————— 224

## [ 別冊 ] 一個人的森活指南

# 來看，這個說故事的人

　　閱讀一本把森林療癒學術研究和你我凡常生活靈巧融合的書，是一大享受。欣賞書中美麗的大自然圖片，品覽富含意義的文字，好像聆聽一個又一個故事，引領我們到悠遠又熟悉的國度。

　　對於學習心理的我，其實最感興趣的是：誰在說故事？

　　最初認識家斌在2015年，當時臺大森林系袁孝維主任受林務局委託，連同家斌和我及其他夥伴，一行八人組成「台灣森林療癒開路先鋒團」，赴日本拜訪上原巖教授和李卿教授，到鹿教湯和檜原村等地觀摩。回國後，我們遠至三芝馬偕醫學院走踏樸素的「真愛森林」，深夜仍熱血討論要如何在台灣開展森林療癒。2017年，先鋒團再訪德，家斌還規劃我們和德國學者座談自然療癒。

　　家斌是愛家的人，言談中常提及妻兒，他到哈佛當傅爾布萊特（Fulbright）訪問學者也是全家同行。他愛休閒，上山下海入林。休閒不只是他的博士主修，演講時曾提到：在大自然中徜徉，讓他走過生命的低谷。他有正義感，遇事果決，又不失溫度。在許多事務上，我常諮詢家斌，喜得共識。

家斌愛研究，選題有遠見，擅長在數字中尋找意義。2017年起，上原巖老師和我連續兩年應邀在竹山大鞍參與「森林療癒引導」的研習。家斌的學生來進行研習前後測，結果發現就平均值來說，參與森林研習活動的夥伴並沒有呈現血壓降低的現象。家斌和學生逐一檢視，發現原先血壓過高的人參與森林活動以後血壓降低；血壓過低的人參與森林活動以後血壓提升趨近正常。這個「森林活動調節血壓」的結果與國際研究相呼應。

家斌樂於分享，經常提供資源給大家，旅行中也會留心需要幫助的人。2022年4月下旬，家斌和孝維老師率先和6位夥伴參與林務局委託台灣森林保健學會辦理的3天「森林療癒督導」研習。家斌是第一個報名登記、第一個交設計方案、第一個自願演示被督導。演練過程中，還主動喊出：「以後出書要把研究結果的資料，免費提供給在座的各位運用來推動森林療癒。」身為這場研習主持教師的我，深深被家斌的慷慨震撼！

如果容我比擬擘畫大自然，家斌好似張大千潑墨瀟灑，內心卻留王維的山水青綠細緻。

是這樣的人在寫這本書，說古今中外森林療癒的故事。您讀時，可感到有微煦春風吹過？


**林一真** 國立陽明交通大學兼任教授

# 在森林的擁抱裡找回自己

　　森林是一個無限可能的集合體。她既提供了木材、食物、藥物、纖維等人類需要的物質，同時也讓無數生物在此繁衍生息。她吸收二氧化碳，帶來新鮮的氧氣，製造負離子與芬多精；她涵養了水源，讓風與樹、鳥與蟲、溪與石在此分分秒秒演奏著天籟；春天姹紫嫣紅，夏季的盛綠、秋天的暖紅，到冬天覆蓋一切的白，季節遞嬗中不斷變換的五感旅程，總是溫柔而無私地療癒走進其中的人們。

　　許多都會民眾長期累積身心壓力，造成健康失衡，在森林環境中，透過專業者引導，運用身體五感體驗自然的生命力，感受與環境合而為一，這種「慢旅行」已逐漸獲得民眾接受與喜愛。

　　為了促進國人身心健康、也使民眾更能分享山林帶來的惠益，林務局推動森林療癒基地建置與專業課程、體驗遊程設計，並於2021年推出森林療癒師認證培訓制度及培訓平台。目前已於阿里山、太平山、八仙山、奧萬大、富源、雙流、知本、東眼山等8處國家森林遊樂區建置森林療癒基地，除了優化設施，也

結合周邊部落資源，發展各類型森林療癒活動。2019年起推動的「林業永續多元輔導方案」，也將森林療癒納入非木質的人工林產業多元發展目標，讓森林更能發揮其服務價值。且於2021年3月推出森林療癒師認證培訓制度及建置森林療癒師認證培訓平台，積極發展森林療癒活動。

余家斌老師《森林療癒力：forest, for+rest，走進森林讓身心靈休息、讓健康永續》全面探討森林療癒的國內外發展脈絡，從都市化帶來的健康問題及其解決方案，到國外案例及相關實證說明，帶領大家認識世界的森林療癒發展，例如日本森林療癒步道的巧思設計，以及森林療癒基地的美學概念；在德國，民眾則可透過健康保險補助森林療養相關費用，促進健康旅遊產業發展；韓國有山林治癒園，提供一系列醫療設備給森林療癒效益實證研究使用，並規劃住宿、餐飲和多樣化的療癒活動，建置森林福祉服務體系，這些都值得台灣借鏡。

誠如余老師書中所言：「森林是讓人身心靈休息、恢復的地方。」當你感到身心再次沒電，記得回到森林的懷抱，感受大自然不可思議的療癒力」。

**林華慶** 行政院農業委員會林務局長

# 森林療癒力無所不在

　　台灣人很幸福，我們住在一個四面環海的山島，有山，就有樹，有了許多樹，就成林。台灣有60%的土地是被森林溫柔地覆蓋著，安靜而美好，即時就即遇。台灣的子民和大地母親的臍帶其實一直是連結著，只是久居城市，有時候我們就忘記了。清早被車水馬龍的噪音喚醒而開啟了一天，日常的工作生活制式不變，許多人會陷入憂鬱煩躁或是心神不寧的負面情緒，進而影響到身心靈健康，喪失了快樂感與創造力。

　　因此，我們都需要休息，休息是為了走更長遠的路，而「休」就是人倚偎在樹的旁邊，找到信任的肩膀靠一靠，讓森林成為自我療癒的媒介，充電之後再出發。《森林療癒力》這本書就是告訴你如何進入森林療癒的世界，和我們的母親再度親密相遇，喚起血液中渴望自然的DNA。

　　森林裡滿眼盈綠，豐富的生物多樣性、新鮮多氧、芬多精和負離子，簡簡單單邁開步伐，大腦就可以產生舒適感的α波並啟動放鬆的副交感神經，同時可以增強體內和免疫力直接相關的

自然殺手細胞的數目及活性，讓我們在生理、心理與情感上得到保健與安適。這也是在 2016 年，我們這一群有志一同、跨領域的夥伴，成立了台灣森林保健學會的宗旨。我們深知森林的無限美好，所以鼓勵大家走入森林，享受大自然提供澎湃卻免費的饗宴。只是當時不明白，在多年之後新冠疫情的肆虐，鎖國封城帶來的創傷，讓我們更體會到森林療癒的珍貴價值，「愈是疫情，更要療癒」！

台灣得天獨厚，這麼多的高山縱谷，這麼多樣化的優美森林，適合不同體力與年齡層各取所需。森林療癒可以是激烈冒險完成的登山壯舉，也可以是在森林裡悠閒散步，偶爾停下來抱抱大樹、踩踩泥土，或是在林間伸展與小憩，每一個人都可以在森林裡找到和自己最舒適的相處與對待方式。森林療癒可以在遠山，也可以在近郊，或是在都會公園裡，重要的是你的心，你要相信自然的神奇力量，你就可以在森林裡找到天地靜好。

山永遠在，森林裡的大樹也穩穩扎根一直在，只要你起身，相信「森林療癒力」，走向山林，就會迎接到自然熱情的擁抱。


**袁孝維** 臺灣大學森林環境暨資源學系教授、台灣森林保健學會理事長

# 與自然共存

　　大四那年聖誕假期，與同學在宿舍開心吃火鍋歡聚時接獲噩耗，摯愛的母親在山上健行時不慎墜崖驟逝。這突如其來的意外使得我的心理健康產生問題，情緒起伏變得很大，有時甚至需要伴隨酒精才能入眠，醫生診斷是躁鬱症。

　　後來，一位加拿大籍的交換學生朋友教我衝浪，說也奇怪，衝浪緩解了我的躁鬱症狀。衝浪活動需要相當專注，否則會有危險，這持續專注於當下，類似正念的體驗幫助我短暫抽離現實生活的困擾，而海邊美景使我心情愉快，這樣的戶外體驗帶我脫離情緒低潮。從戶外休閒活動得到身心健康的益處，也成為我到國外攻讀休閒研究的契機，以及日後進行森林療癒研究的遠因。

　　在國外念博士時，我發現接觸戶外活動可以帶給人們不同的健康、快樂與福祉，小孩子在戶外的玩樂與學習可以幫助他們感覺統合，提升認知功能；青少年可以從戶外活動安定情緒，培養自律、韌性、成就感與自信心；樂齡長者可以從自然體驗中改善情緒，增強肌力、骨力與腦力。甚至情緒有障礙的患者也可以從

戶外體驗自然中獲益，例如用來緩解退伍軍人創傷後壓力症候群（Posttraumatic Stress Disorder, PTSD）的症狀。這完全打開了我對於戶外休閒活動的想像，戶外休閒活動看似無用且浪費時間，但是無用之用方為大用。

森林療癒近年來得到社會相當大的關注，都市化造成許多健康問題，而接觸自然就是很好的解方，透過體驗自然促進民眾健康，已是先進國家行之多年的應用方式。除了在都市設計中引入自然元素，以「都市公園化，公園森林化」促進都市民眾生心理健康，再到鼓勵醫生開立自然處方箋給病人減少用藥、治療疾病以改善症狀，抑或是一般人從森林療癒體驗活動中，得到身心平衡的健康促進效果。

最重要的是，森林療癒以個人健康為出發點，教導民眾如何健康過生活，人從自然中得到健康，就會跟自然有連結，也會去維護自然環境健康，這種正向循環，簡單講就是「健康森林，健康人群」這樣與自然共存的健康一體（One Health）概念，也是森林療癒的最終目的。這理念對於民眾的健康以及環境的永續相當有幫助，希望這本書能夠突破同溫層，讓大家能更瞭解森林療癒的概念與應用並影響政策，尤其在台灣已經步入高齡社會的當下，森林療癒的推廣更顯重要。

本書付梓之時，是我回到臺大森林系任教十年。回想當時我

很感恩,也很希望將所學專長應用於森林系,所以開始走入「森林療癒」研究的領域。這一路走來受到了很多貴人襄助,像是東京農業大學上原巖教授、日本千葉大學宮崎良文教授、日本醫科大學李卿教授、巴賽隆納全球健康中心瑪蒂爾達・博世教授(Matilda van den Bosch)與哈佛大學約翰・斯賓格勒教授(John Spengler)等人在研究上的指導;林一真教授、袁孝維教授、蔡明哲教授一路上的支持與鼓勵;林務局、森林保健學會、臺大實驗林、臺灣科教館同仁與研究室學生的協助;成大吳治達教授、國北護李曉昀教授、臺大吳恩賜與毛慧芬教授,以及東大吳建德教授的研究合作,拓展了我的視野。也相當感謝「台灣森林療癒開路先鋒團」的朋友,瑞芬姐、煥鵬兄、懿千、雅文、速汝、盈甄等人,我們多次造訪日本與德國,一同學習世界的森林療癒。還有業界友人林義明設計師無私的奉獻,分享他的永康山森林療癒基地,讓臺大森林療癒課程與研究能夠更深入。

　　本書累積了我近十年森林療癒研究、教學、參訪與推廣的經驗。本書的完成相當辛苦,感謝黃鈺翔(雪羊)在戶外安全部分的指正與建議。感謝我的家人,以及愛妻小華跟愛子小虎,謝謝你們讓我無後顧之憂,能夠很任性地做我想做的事。最後,謹以此書獻給我的父親與在天上的母親,謝謝你們在我生命中的陪伴與鼓勵。

# 都市化帶來的
# 健康問題

## 人類生存環境的轉變

你是否渴望逃離城市，走向山林或海洋，回到自然的懷抱中呢？

人是自然的一部分，在人類演化的過程中，我們絕大多數的時間生存在自然環境裡，直到工業革命後這200多年間，人類才從自然環境遷移到都市。人類演化約有500萬年，大量移居都市是從200多年前工業革命開始（1760-1830）。如果把人類演化歷程濃縮成一年的尺度，工業革命大概發生在12月31日23：56：00，而巨大都市（千萬人以上大都市，Megacity）大概是在12月31日23：59：30左右，換個方式來說，人類演化大概只有0.01%的時間是在都市中度過，其他99.99%的時間是在自然中度過。

從演化的角度來看，人類大部分時間都在自然環境中度過，長期下來，身體跟心理已演化成適應自然環境，所以我們在自然環境會感受放鬆並覺得舒適。哈佛大學生物學家艾德華・威爾森（Edward O. Wilson, 1929-2021）提出經典的「親生命性假說」（Biophilia Hypothesis）[1]，也就是「人類與生俱來擁有與其他生命接觸的天性」（an innate tendency to focus on life and lifelike processes）。根據這概念，親近各種不

同生態是我們的天性，在自然中覺得自在愉快也是人類本能的一部分。

然而工業化的腳步造成大量居民移居都市，使得人類文明從原本農村小鎮的發展型態，轉變成以都市為主。伴隨著都市化與科技化的發展，我們身邊充斥著人工產物，人和自然的距離越來越遙遠。

現代人普遍生活於水泥叢林中，一生平均約90%的時間是在室內空間度過，預計到2050年，全世界大約有將近70%的人住在都市。接觸自然的機會與時間大幅減少，這是人類歷史上少有與自然如此疏離的時代。

都市化發展十分迅速，生活環境的改變連帶使得生活習慣產生變化，久坐缺少運動、注意力被科技綁架，壓力也在日常生活中不斷地累積，健康問題與日俱增。與自然的疏離帶來很多健康問題，從流行病學的研究發現，在現代都市生活的居民，身心健康的相關問題，例如肥胖、憂鬱症、焦慮症、高血壓等慢性疾病越來越多。

## 都市生活帶來的健康問題

偶爾我們會聽說某些朋友不菸不酒，生活習慣正常，但

卻不明原因疾病纏身，大家都覺得惋惜。其實有時候身體不健康不是我們的錯，是環境的問題。

　　都市化帶來許多好處，像是生活便利與衛生條件改善、生活品質提升等，大家應該很難想像沒有抽水馬桶跟自來水，或是沒有冷氣、冰箱，無法隨時有舒適環境與冰涼飲料的日子，但是100年前人類過的就是充滿著諸多不便的生活。都市化帶來便利，人類的創造力也把自然修正成適合人居住的環境，讓人類族群數量急速增加，但是都市生活也帶來各式各樣的汙染問題，影響我們的健康。

　　都市生活面臨的第一個問題就是汙染——空氣、噪音與水的汙染。

　　空氣汙染泛指危害人體健康的汙染物，有氣體、固體或液體懸浮物，包含二氧化硫、二氧化氮、一氧化碳、揮發性有機物、重金屬、$PM_{2.5}$、$PM_{10}$等。

　　空氣汙染所導致的健康問題包括呼吸困難、哮喘、咳嗽與氣喘等，主要造成呼吸道和心血管疾病。空汙問題會因為都市熱島效應變得更嚴重，因為都市地表多為柏油或水泥等不透水鋪面，鋼構磚造建築又越來越多，再加上都市地區綠地相對較少，無法冷卻降溫，在日照之下都市地表蓄熱變高，都心區呈現高溫化的現象，使得都市像一座發熱的島

嶼，我們稱之為「都市熱島效應」。

　　都市熱島效應使得空氣汙染物隨著熱氣上升，遇到冷空氣後往四周下降，又往都市內流動，循環不散，於是都市上空被圓頂狀的灰煙氣團籠罩，原本的汙染物散不掉，便往都市中流動，使空氣汙染更加嚴重、居住環境空氣品質下降，這種現象在盆地型都會區最為明顯。更糟糕的是，為了調節室內溫度，家家戶戶又將空調設備開得更強，加速排熱的結果，造成都市更加高溫化的惡性循環。加熱效應有如火上加油，這現象在綠地稀少的都市環境會更加嚴重。此外，噪音汙染會造成聽力損傷、心血管疾病（例如高血壓、心臟病），也會影響睡眠、心理狀態與情緒。

　　其次，活動空間減少也是很重要的都市問題。移居都市的人口越來越多，室內居住空間不足，有些地方甚至連戶外空間都不足，造成情緒緊繃與人際關係緊張。想像一下，跟家人吵架後，如果外面有個公園綠地空間可以散步冷靜一下，必定有助於紓解情緒與緩和家人關係；或是平時親朋好友利用鄰近戶外公園走走，也可以增進情感。

　　都市室內空間狹小與缺乏公園綠地，顯然會影響我們活動的機會。研究指出，容易到達的開放空間與吸引人的綠地，可以增進居民運動的動機；而在戶外綠地空間較少的社

區中，居民的平均步行距離相對較少，戶外活動機會減少，降低了身體的活動量，長期運動不足可能造成肥胖以及心血管系統疾病。所以新冠肺炎疫情期間大家深居簡出，雖然減少肺炎傳染的機率，但是缺乏戶外活動會增加肥胖的機率，也影響心理健康。

除了汙染與空間問題，都市生活也改變了我們的作息。都市生活相當忙碌，我們整天不斷接受到不同刺激。請大家想一下，從早上起床、吃早餐、上班前選擇衣著、工作時思考分析，甚至可能在晚上入睡前，主管一則簡訊便打擾了我們的睡覺情緒，也攪亂思緒。我們常常過度使用腦袋與身體來思考、解決問題，做各種決定，其實我們並沒有讓自己的

身體與心理有適度的休息。

　　腦袋持續不停運轉，身體沒有充分休息，也沒有時間好好坐下來吃一頓飯，過度的刺激跟不健康的生活型態，大多數人都忽視這些現象會造成許多健康問題。這些問題在目前科技化的社會中尤其嚴重，科技讓我們隨時可以方便地接受與傳送資訊，但是身心無時無刻懸在資訊的流動當中，會讓我們的生活被科技工具綁架，造成身心過度耗損。數位科技帶來許多便利，也帶來不同的心理與身體壓力。

　　城市環境汙染和繁忙的生活方式，可能會導致各種與汙染、生活型態相關的疾病。現代都市化和科技的快速進步，擁擠嘈雜的都市空間及快速方便的生活，使得人和自然接觸的時間大幅減少。前面提到人生中平均有90%的時間是在室內空間度過，這種趨勢導致越來越多都市居民的身心健康產生問題，容易罹患氣喘、過敏、憂鬱症、高血壓、肥胖、糖尿病等疾病。

## 瞭解你的負能量，不要被杏仁核綁架

　　都市生活快速的步調引發人們許多負面情緒，如恐慌、焦慮和憂鬱等，甚至引起犯罪與暴力行為。研究人員分析發

現都市化越高的地方，憂鬱症、焦慮症、精神分裂症狀，乃至於暴力行為等心理健康問題越多。為了瞭解造成這種現象的機制，德國研究團隊[2]從腦科學角度探討都市化如何影響大腦，嘗試比較不同居住環境下對情緒的影響。在進入研究說明之前，我們先瞭解一下情緒控制的機制。

人的情緒反應中樞在腦部杏仁核（Amygdala），是大腦的情緒中樞，可以記住過去經驗與結果的情緒反應，即時做出判斷。這樣的「生存直覺」是演化的結果，也是上天賦予我們趨吉避凶維持生存的器官。杏仁核偵測外界威脅，第一時間接受嗅覺、視覺等各種感覺，產生情緒判斷以決定要做或不做；它負責掌管焦慮、驚嚇、恐懼等負面情緒，會從我們的情緒記憶裡快速找出關聯，讓我們在類似的場景快速反應。例如聞到燒焦的味道，直覺（聯想到火災）這氣味有危險，情緒呈現恐懼，杏仁核便驅動身體快逃。

當現實生活遭遇引發強烈負面情緒的狀況時，杏仁核會直覺反應外界的刺激，並依照先前慣性模式做出反應，學者稱這種狀況為「杏仁核劫持」（Amygdala Hijack）。例如有時候情緒一來忽然動怒，這怒氣便是由杏仁核產生的。從研究的角度來看，如果杏仁核很容易被活化，就代表情緒反應很快、不容易控制。而杏仁核旁的前扣帶皮層（ACC, Anterior

Cingulate Cortex）則參與許多腦部高階認知功能，包含注意力的分配，以及協助控制衝動與情緒。

換個說法，杏仁核像一匹馬，前扣帶皮層就像騎師，控制馬不要失控（抑制衝動行為與情緒）。而我們常講的「理智線斷掉」就像是騎師拉不住馬，負責理智判斷和控制衝動的大腦前額葉還來不及發揮作用，掌管情緒記憶的杏仁核就搶先發號施令，讓人情緒爆炸，做出後悔或是錯誤的決定。

為了比較不同環境對情緒的影響，藉著使用功能性磁造影技術（functional Magnetic Resonance Imaging, fMRI），德國研究團隊招募不同居住地區的居民當受試者，將他們送進fMRI機器中誘發情緒壓力刺激，透過這樣的情緒壓力來分析居住在城市、小鎮及鄉村居民腦部情緒控制中樞的變化。

結果發現在受到壓力的刺激下，都市居民大腦中的杏仁核有較強烈的活化反應，小鎮次之，居住鄉村者活化反應最小。因此研究團隊認為，居住在步調快速、吵雜又繁忙的城市，人們的生活模式會刺激腦內的杏仁核，造成長期的壓力而容易反應過度。除此之外，他們也發現在都市中長大的受試者，前扣帶皮層與腦內杏仁核的聯繫減少，對於衝動情緒的調控能力也降低了。

這個研究以腦神經科學的方式驗證環境對我們情緒的影

響，說明了都市生活使我們被杏仁核綁架，因此增加憂鬱症、焦慮症、暴力行為的發生率。常常有人好奇喜歡大自然的人是不是比較不容易發脾氣，從這研究也可以得到答案。

## 都市綠化解決社會治安問題

前述研究證明接觸大自然有益於心理健康。為有效解決都市化造成社會的壓力、憂鬱、焦慮、犯罪與暴力問題，學

廢棄土地改造過程圖。（資料來源：Branas et al. 2018, p.2948）

者提出將大自然帶進都市中或許是個好方法。於是美國一個研究團隊將費城541個髒亂的空地隨機分成實驗組與對照組，其中實驗組的髒亂空地以2個月的時間改造成舒適宜人的綠地空間（如左圖），針對幾個社會問題指標追蹤研究38個月。結果發現相較於未經過改造的社區，居住在修整後綠地空間附近的居民感受犯罪率降低36.8%，破壞行為減少39.3%，社區安全疑慮降低57.8%，也提升放鬆與社交機會75.7%；而實際犯罪率減少13.3%，槍枝暴力降低29.1%，竊盜減少21.9%，並降低騷擾行為30.3%[3]。

這個研究實例讓我們看到綠化環境對於一些社會治安問題的改善效果，不用提高見警率累壞警察、不用擴大預算大興土木，短短2個月時間對於社會治安就有顯著的改善，也美化了社區，是利用自然環境改善社會問題的最佳實例。

## 都市公園化，公園森林化，促進健康福祉

自然環境影響健康的方式很多，美景讓人心曠神怡；植物可以吸附汙染物改善空氣品質；綠地可提供運動與社交的機會，增進心理健康與社會支持，以及很多看不見的效果。

越來越多研究證實接觸自然能促進健康，並且可以改善

社會治安問題、社區居民的生活品質。因此先進國家在都市規劃中引進了都市綠帶（綠色自然休憩環境）與藍帶（水域休閒空間）設計，使得「都市公園化，公園森林化」，讓民眾親近自然促進健康；讓社區美得像幅畫，也美得不像話。附加價值是提供當地原生動植物庇護空間，維護它們的生存。

　　舉例來說，波士頓地區有個著名的綠色廊道「綠寶石項鍊」（Emerald Necklace），由美國景觀建築師奧姆斯特德（Frederick Law Olmsted）在1880年代規劃設計，從市中心波士頓公園（Boston Common）連結多個公園、綠地、河川與湖泊一直到富蘭克林公園（Franklin Park），全長約7英里，占地450公頃（大約是大安森林公園的17倍大）。綠寶石項鍊長條形的綠帶與藍帶設計，貫穿許多繁忙的都市社區，降低環境中的噪音與減少空氣汙染，美麗的自然景致提供民眾戶外休閒娛樂的機會，蓊鬱林木與水域環境撫育野生動植物，讓它們在都市有一席之地與人類共生共存。

　　將自然帶入都市可減少環境汙染的負面衝擊，也提供民眾走出戶外促進健康的機會。較積極的國家，將自然保健概念帶入醫療體系，例如在德國可以將患者轉診到自然療養地保健身體；挪威則在森林中蓋醫院，以減少病患在診療過程中的不適感。

波士頓市中心景觀。

接觸自然究竟是如何促進人類健康福祉呢？學者泰瑞‧哈提格（Terry Hartig）[4] 指出，自然環境的類型、品質與數量可以改善空氣品質，減少呼吸道與心血管疾病的發生；戶外環境可提供活動的空間，提高個人從事運動的意願也提升了身體活動的機會，並可減少一些與活動不足相關的疾病發

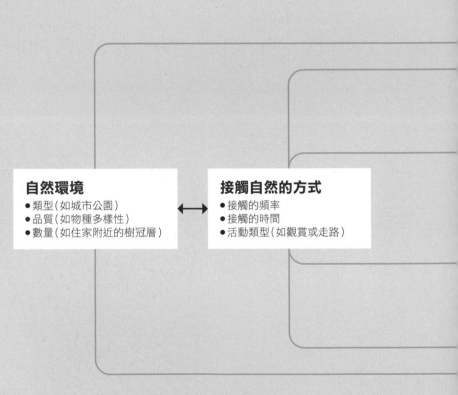

**自然環境**
● 類型（如城市公園）
● 品質（如物種多樣性）
● 數量（如住家附近的樹冠層）

↔

**接觸自然的方式**
● 接觸的頻率
● 接觸的時間
● 活動類型（如觀賞或走路）

自然環境影響人類健康與福祉示意圖。（資料來源：Hartig et al., 2014）

生，像是肥胖症、高血壓與高血脂；公園等開放綠地有助於提供社區互動機會，提升社區意識有助於社會凝聚力的強化；最重要的是，接觸自然幫助人們減輕壓力與改善認知功能，提升正面情緒、改善負面情緒，減少憂鬱焦慮症狀的發生，也可促進快樂感、改善學業與工作表現（如下圖）。

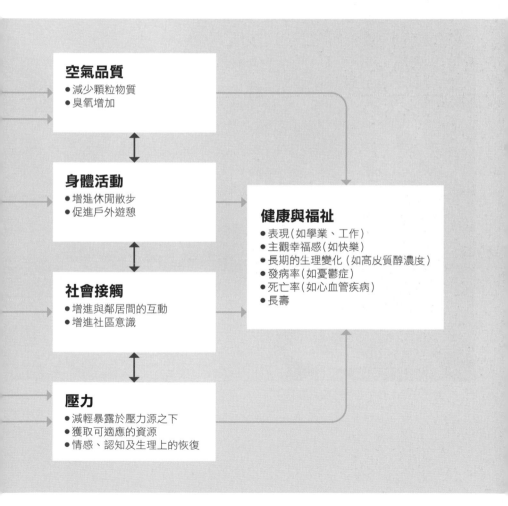

**空氣品質**
- 減少顆粒物質
- 臭氧增加

**身體活動**
- 增進休閒散步
- 促進戶外遊憩

**社會接觸**
- 增進與鄰居間的互動
- 增進社區意識

**壓力**
- 減輕暴露於壓力源之下
- 獲取可適應的資源
- 情感、認知及生理上的恢復

**健康與福祉**
- 表現(如學業、工作)
- 主觀幸福感(如快樂)
- 長期的生理變化（如高皮質醇濃度）
- 發病率(如憂鬱症)
- 死亡率(如心血管疾病)
- 長壽

台灣正瀚生技公司內的療癒溫室。

簡而言之，多接觸自然可維持生理和心理健康、強健體魄、預防代謝型或壓力型疾病。研究也顯示病人多接觸自然，恢復效果較佳。

實際上該如何進行？可以透過「將自然帶進室內」（bring nature indoors）或是「將人帶到戶外」（bring people outdoors）兩種方式。「將自然帶進室內」也就是目前流行的「自然設計法」（Biophilic Design）。

例如美國最大的電商公司亞馬遜（Amazon Inc.）在西雅圖最新的辦公室，是以雨林景觀為設計理念打造，透過自然樣貌的辦公空間來減輕員工的工作壓力，並提升生產力；在台灣，正瀚生技公司在臺大生農學院輔導下，模擬溪頭森林環境規劃「療癒溫室」，提供員工與訪客放鬆與紓壓的療癒空間；也有一些醫療院所將自然元素，如森林景觀、木質材料、鳥音、流水聲等帶入空間設計，減輕病患在診療過程中的不適感，讓醫院有如植物園般，一點都不像醫院。而將人帶到戶外，就是本書所提倡的「森林療癒」。

森林療癒是經濟方便、副作用少的健康促進方式，在世界各國的推廣也行之有年，下一章跟大家分享森林療癒的演進，以及何謂森林療癒。

# 健康問題的解決方案

## 森林療癒

都市化使得人類離自然越來越遠，而且這現象越來越嚴重。國際自然保護聯盟（International Union for Conservation of Nature and Natural Resources, IUCN）調查研究指出，2050年大約70%的人類將居住於都市中。人類對自然的疏離造成了健康與社會問題，《失去山林的孩子：拯救「大自然缺失症」兒童》（*Last Child in the Woods: Saving Our Children from Nature-Deficit Disorder*）一書也提到了現代孩童的諸多情緒控管、心理健康問題最需要的就是與自然接觸，常常親近並用五感體驗大自然，可以改善這些症狀並保持身心健康。此外，日本研究團隊近十多年的研究發現，只要待在森林裡對健康就有各種益處，例如在森林散步時，血壓明顯低於在城市散步，並有助於心血管健康、減重、預防糖尿病，以及提升免疫能力。

## 森林不只是綠金，也維持人類生存

學者在90年代即指出「森林是一個偉大的健康機器」，森林環境具有許多維持人類生存與增進健康福祉的功能，我們稱之為「森林生態系統服務」（Forest Ecosystem Services）。除了伐採木材、狩獵與採集，讓人類獲得維持生

活的基礎物質條件以維持生存，森林還可以涵養水源，淨化空氣，固碳減碳調節氣候，維護生存、居住環境的舒適與安全，並提供生態保育與生物多樣性棲地環境，以及遊憩與休閒活動的場域，提升人類文化價值與促進健康。

　　森林經營的方式不斷在轉變，從最早期將森林當成「綠金」，以經濟生產型為目標，因應環境快速變遷，逐漸發展出包含水土涵養、生態保育、森林遊樂等多目標的經營方式。直至目前，森林經營更在改善氣候變遷、確保糧食安全、促進健康與福祉等聯合國永續發展目標（Sustainable Development Goals, SDGs）中扮演了重要的角色。其中為了調劑現代人生活型態的失衡，增進森林使用者的健康品質，以健康為導向的森林經營方式成為一種新興趨勢。利用森林作為保健與治療場域，已成為國際間森林經營重要的方式之一，在研究上，也逐漸型塑成跨領域的整合學門，稱為「森林療癒」。

## 森林療癒的起源

　　人類利用自然資源保持健康的行為由來已久，自古以來，大家都知道自然有療癒與健康促進的效果。日本民間對

自然保健的效果一直深信不疑,「鹿教湯森林溫泉保養地」即為日本第一個政府認定的自然保養地,是戰國時代日本武士受傷後的休養地,之後廣為民眾使用,是樂齡族群進行森林浴保健的場域,後來又成為國家指定保養地之一。此外,在這優美的自然環境中也設立了醫院,並利用鄰近森林步道與水療池為病人復健。

在台灣,森林療癒一詞或許還不普遍,然而相信大家一定聽過「森林浴」(Shinrin-yoku),這個詞最早源自於1982年日本林野廳長官秋山智英,意指「入森林,沐浴精氣,鍛鍊身心」,是在森林中散步休憩的同時,享受森林植群所散發出來的香氣與精氣,用以強健身心與增強活力之活動。

在此同時,日本學界積極鼓勵民眾走進森林體驗森林浴的保健功效。1986年,岩崎輝雄在《森林的健康學》一書中統整了日本多位學者的研究資料,強力推薦走入森林以增進健康,此舉獲得了社會大眾廣大的認同,因此在日本掀起了一股「森林浴」的浪潮。

約莫在2004年,日本將森林浴提升到另一個層次。日本林野廳、厚生勞動省、森林總合研究所及大學醫學部等多方聯合成立「日本森林治療研究會」(森林セラピー研究会),以科學上的基礎醫學實證推廣森林療癒概念,以及進

鹿教湯森林溫泉保養地。
1.設立在森林中的醫院。 2.溫泉保養地石碑。 3.森林中的水療池。

行「森林療癒基地」與「森林健康指導士」認證為該學會的主要目標。2008年，該會更名為「NPO法人森林治療研究協會」（森林セラピーソサエティ，Forest Therapy Society），執行日本森林療癒地的相關認證。

目前為止，全日本已有65個經過實際驗證具有療效的森林療癒基地。認證過的森林療癒基地步道，會豎立告示牌呈現實證研究成果，例如走完步道後自律神經功能與情緒改善程度，以及當地森林香味成份等資訊。森林健康指導士則經過嚴謹的訓練，維護參與者的安全，帶領森林療癒體驗活動，協助學員沉浸在森林環境中享受療癒活動所帶來的健康效益。這種方式衍生成自然健康旅遊（Wellness Tourism）的商業模式，也是日本政府用來振興山村的方式之一。

自然健康旅遊在日本高齡化以及追求健康促進的浪潮下拓展快速，例如青森縣深浦町「白神十二湖森林療癒基地」位於世界自然遺產「白神山地」中，便利用當地豐富的自然與人文資源推動森林療癒。除了可預約療癒活動外，也提供自導式步道，提醒遊客駐足慢遊，深刻體會森林的美好。

推展森林療癒最重要的是研究基礎，我在演講時，常有聽眾表示因為看到森林健康效益研究報導而開始走入森林。森林療癒研究能讓大家瞭解，除了看醫生、吃保健食品外，

鹿教湯森林美景。

森林療癒步道指示牌。

我們還有更簡單、無副作用的方式來促進健康。

在提出森林浴有益健康的概念後，日本也投入大量經費研究森林浴健康效益。千葉大學宮崎良文教授，與日本醫科大學李卿教授為主的團隊進行基礎醫學實證研究，持續提供研究佐證輔助森林療癒活動推廣；上原巖教授則是從心理健康角度推動「森林療法」。這三位日本學者享譽國際，也是森林療癒研究的先驅。

宮崎教授是日本最早投入森林療癒研究的學者之一，也是相當知名的國際學者，皇太子與太子妃都曾去參觀他的實驗室，可以想見日本人對於這項研究的重視。他本身是醫生，從小就喜歡自然，所以後來將醫學研究方法應用在自然體驗的健康效益上。宮崎教授的研究中心「自然療癒研究室」就是探討自然接觸，包含森林浴體驗、木質材料觸感、木材香氣、自然音、室內木／綠化視覺效果等的舒適感（生理及心理）效益。

他主要研究森林與木材帶給人的舒適性。森林舒適性為戶外研究，探討森林環境體驗帶來的健康效果；木材舒適性研究則為室內試驗，探討木質環境對於視覺、嗅覺、觸覺的刺激，與連帶引起的生理與心理健康效應。

宮崎教授做研究相當嚴謹，為了讓所有受試者量測血壓

時手的姿勢一致，他們甚至根據受試者的身高訂製了60張椅子，提供受試者坐著量血壓時使用。我參觀過他的研究室，裡面有很多生理及心理檢測儀器，以及可以控溫、控溼、控排氣，完全控制環境因子的裝置，造價將近上億日幣。「自然療癒研究室」是國際上最先進的森林療癒研究中心之一，為不同領域的自然與健康應用提供基礎研究證據。

日本醫科大學李卿醫師則是免疫系統研究的專家，最早提出「待在森林中3天，提升免疫功能1個月」的說法。他研究發現，在森林待過3天以後會增加體內自然殺手細胞（Natural Killer cell, NK cell）的活性與數量，同時由其所釋放協助殺死腫瘤與受病毒感染細胞的物質濃度也會顯著上升，有效性長達30天。由此推論，森林環境能有效幫助降低癌症發生率並提高人體免疫功能[1,2,3]。他的著作有《森林醫學》（*Forest Medicine*）、《森林癒》（*Shinrin-Yoku*）等，其中《森林癒》一書已被翻譯成25種語言，在30多個國家和地區出版發行，也曾榮登美國暢銷書排行榜。

上原巖教授是我相當敬佩的一位學者，親力親為不辭勞苦地推動森林療癒。他是日本東京農業大學教授，2010年成立「日本森林保健學會」（The Society of Forest Amenity and Human Health Promotion in Japan），致力於鼓勵民眾親近和

宮崎教授研究室。

活化鄰近森林，以達到森林環境和人類皆健康的雙贏局面。上原教授目前擔任該會理事長。

　　上原巖教授極度熱愛森林，名字中的「巖」就是代表山上的岩石，他曾表示小時候很喜歡到山林裡的大石頭上休息、沉澱。森林系本科出生的上原教授學習了心理諮商的專業，將心理與森林兩個專業結合，嘗試應用在當時他所任職的社福機構中。出乎意料地，他的個案在進行數週森林體驗的介入方案後，身心健康狀態獲得非常明顯的改善。此後他逐漸發展出獨一無二的森林諮商，並於1999年率先提出「森林療法」一詞。

上原教授曾告訴我一個激勵他持續推動森林療法的小故事。有位社福機構的院長邀請他協助機構中嚴重受虐的患者，上原教授問院長為何找他，院長說這些患者身心障礙相當嚴重，缺乏溝通能力與運動能力，無法進行一般的諮商或運動輔助治療，基本上除了步行外，幾乎其他的事情都不能做也不想做了。之後，上原教授邀請患者進入森林散步，患者從剛開始一點都不想走出機構外，到後來願意進森林散步，也能在森林中越走越久。這樣的森林體驗慢慢地使得他們身體功能變好了，願意跟他人溝通，情緒穩定度提高了，也有基本的生活能力。看到了患者長足的進步，上原教授更加投入森林療法的推廣。

上原教授著重實務推廣與課程引導，除了面對一些像是受虐、精神失調等心理疾病的患者，企業也將有過勞症狀的員工委由上原教授進行森林療法，使他們恢復健康。此外，他也幫助在地政府帶領一般民眾參與森林療法課程。他長期深耕森林療法推動工作，所成立的「日本森林保健學會」至今仍不定期舉辦許多講習與工作坊，鼓勵民眾親近以及活化社區棄置的森林。

近年來，上原教授的足跡遍布日本各地以及世界各國，推廣森林療法。我們也曾應邀參加他於青梅市舉辦的森林療

癒工作坊，在漂亮的小操場行前說明後就前往青梅之森，開始健行、賞景、臥地、聞香、鋸木等體驗森林的活動，有趣又紓壓，同時也是很好的森林永續教育課程。

日本青梅之森療癒工作坊。
1.上原教授帶領林間健行。　2.上原教授指導觸感與聞香體驗。（袁孝維提供）

上原教授在台灣也相當有名。2013年，他的兩本著作《療癒之森：進入森林療法的世界》和《樂活之森：森林療法的多元應用》將日本森林療癒經驗帶入台灣，其後更多次來台舉辦演講以及工作坊，無私地分享多年來實際操作的經驗以及研究成果，更帶領民眾一起走入台灣山林，重新發現台灣森林之美。

上原巖教授帶領台灣森林療癒工作坊。
1.行前說明。　2.聆聽溪水聲。　3.竹林間靜坐冥想活動。　4.東眼山森林療癒工作坊。

## 什麼是森林療癒？

　　人和自然的距離越來越遙遠，接觸自然的機會與時間也大幅減少，流行病學的研究發現，許多身心健康的相關問題，像是壓力、憂鬱症、焦慮症、心血管問題等慢性疾病多與都市生活有關。我們從經驗法則與醫學實證研究發現接觸自然有助於改善這些症狀，學者們開始提倡重啟人類與自然的連結，以提升人們的身心健康與生活品質，於是追求健康促進與生活品質提升在全球開始蔚為風潮。在這股風潮中，人們發現與自然重新產生連結是簡單且可望直接改善健康的方式之一。其中，森林療癒即被視為一種促進健康的自然遊憩方式。

　　「森林療癒」一詞衍生自前面講到的「森林浴」，英譯 Forest Therapy 或是 Forest Bathing，森林療癒在日本的定義就是「利用森林環境活動的過程，改善人的心理與生理健康」[4]。即利用森林的香氣、清淨空氣、色彩及景觀等，讓造訪森林的人們感到舒適，並且達到健康保養效果。

　　上原巖教授認為森林療癒是「各種應用森林環境以增進健康的自然療法或環境療法」[5]。其中包含以森林浴為主的森林散步與遊憩活動，運用樹木或森林產物進行治療與復健，

在森林裡進行心理諮商或團體活動，或利用森林地形與大自然進行環境教育等功能。具體來說，就是讓身體進入森林之中，在森林的多樣地形中散步、運動，在森林中進行休閒活動，若同時能搭配營養與生活型態指導等多種方法，便能達成預防疾病的目的。

韓國和台灣一樣擁有豐富的森林資源，多數林地也由國家管理，森林面積約占國土63%。過去傳統上採集草藥、冥想、森林浴等活動皆為韓國利用森林促進健康的方式，森林保健相關活動顯然在韓國已行之有年。目前韓國在森林療癒的推動也不遺餘力，他們的《林業文化與遊憩法》將森林療癒定義為「利用森林各種不同的元素，如香味、景觀，增強免疫系統與促進健康」[6]。

台灣延伸日、韓的概念，我們將森林療癒定義為「利用森林資源進行療癒性的遊憩活動，以促進人類健康與福祉」[7]。綜合日本、韓國與台灣學者對於森林療癒的看法，簡單來說，森林療癒是透過森林環境與參與其中的休閒活動來改善身心狀態的過程，目的在於促進人類健康與福祉。

## 從森林浴到森林療癒

隨著社會變化，現今森林療癒有更進步的想法。我們認為森林療癒有三個層次（如右圖），一是應用森林元素的療癒性活動，二是透過這樣的體驗活動傳達健康衛教的知識，三是健康一體。

在第一個層次中，利用森林景觀、環境、步道、動植物等各類不同元素提供多樣化的活動，例如森林散步（森林浴），或是在專業人員的引導下進行森林五感體驗、森林瑜伽、植物染、植物精油萃取、左手香膏製作、木藝品製作等活動協助學員放鬆身心。

像是日本森林療癒基地會提供一些木製鑰匙環製作，或是萃取植物精油等活動。在木製品切割、製作與打磨的過程需要相當專注，有正念練習的效果；植物精油萃取則有聞香放鬆身心的感覺，而我們常說的森林浴則是屬於第一個層次。接著我們希望在森林療癒中進一步提供學員身心健康管理與環境健康的概念。

森林療癒概念圖。

日本森林療癒活動。
1.森林步道體驗行前說明。　2.生、心理前測。　3.萃取植物精油。　4.製作木製鑰匙圈。

## 森林療癒，越玩越健康

　　除了在體驗森林療癒活動的當下促進身心健康，活動的過程中，我們也提供學員保健的知識，將健康管理的概念從森林療癒活動一直延伸到日常生活中。例如森林療癒五感體驗活動時，我們會教導學員腹式呼吸法（醫院協助高血壓患者改善症狀的方法之一），讓學員放鬆地沉浸於享受森林空氣與舒適的環境。並鼓勵他們平日面對壓力時，可以用同樣的方式放鬆，以紓緩、解除壓力。或是在教導北歐式健走（Nordic Walking）時，指導學員如何正確訓練肌肉，而在搬運重物時又該如何正確使用肌肉，減少日常生活筋骨損傷。讓森林療癒活動的健康效果，從森林一直延續到都市日常生活中。

　　北歐式健走是由滑雪活動衍伸而來的休閒活動，最初是越野滑雪者在夏季訓練的方式之一，手持兩支健走杖，一面步行一面用健走杖帶動身體前進。一般的健行散步活動無法運動到上半身，而北歐式健走時透過兩支健走杖的協助，能訓練到上半身肩部、手臂、核心肌群，和下半身臀部與腿部肌肉。這種全身性的運動能夠增強肌力、提升心血管功能，更重要的是使用兩支健走杖輔助可以避免跌倒，在步行過程

北歐式健走活動有助於樂齡長者全身活動。

中能夠減輕下半身肌肉與骨骼的壓力、減少關節耗損,是歐美先進國家十分常見的樂齡長者休閒方式。

　　這些健康保健知識散見於網路資訊以及醫院的健康衛教單中,然而民眾通常不會主動去學習,等到想要瞭解這些知識時,身體都已經出狀況了。人們在玩樂和有需求(動機強烈)的時候學習能力最好,參與森林療癒活動就是一種玩

樂，動機是為了身體好，也就是健康。這時候教導學員怎樣吃得健康、動得健康、活得健康，學習的效果最好。

## 健康一體

森林療癒活動以個人健康為出發點，教導民眾如何健康過生活，人從自然中得到健康，就會跟自然有連結，也會去維護自然環境健康。而當環境變得健康就可以帶動人類健康，這種正向循環，簡單講就是「健康森林，健康人群」，與自然共存的健康一體概念，這是森林療癒的最終目的，內涵就是一種永續的概念。個人健康受環境健康影響很大，不健康的環境直接或間接地影響人類健康，「健康一體」的概念可以幫助大家理解人與環境之間複雜的相互關係，我們也透過森林療癒活動積極推廣相關理念。

從新冠肺炎疫情就可以看到，有部分原因來自於人與自然環境的衝突。由於自然環境被破壞，人類與攜帶病原體的動物之間頻繁接觸，於是造成大規模流行性傳染病。在疫情之中，環境的健康就是人類的健康，他人的健康也就是我的健康，除了全體人類健康之外，影響的層面包括經濟與社會體系，沒有人是局外人。

## 森林療癒與醫學治療

森林療癒與醫學治療有所不同，我們的身體本身就有自我恢復的能力，森林療癒是應用不同自然元素的刺激，使生理和心理得以進入恢復狀態，強化人類與生俱來的自然免疫力，其效果並不針對特定疾病或是症狀。所以森林療癒是協助民眾保健身體、預防疾病，是預防醫學的概念[8]，跟醫學上使用特定藥物治療特定疾病，例如用抗生素治療肺炎所展現出的「治療」意義有所不同。

目前醫學已經發展到一個極致，大部分的病症都有嚴謹科學驗證的處方或是方法可以治療，所以大家有疾病症狀一定要諮詢專業的醫療服務，切莫胡亂投醫。然而有些疾病治療其實是「上帝治病，醫生收錢」，我們的自癒力在克服疾病，藥物提供支持性效果。例如醫生開感冒藥不是殺我們身體裡的病毒，而是紓緩流鼻涕、疼痛與發燒症狀，等免疫系統恢復後，感冒自然會痊癒。

當然在醫學專業人員的指導下，森林療癒可以與醫學結合，在國外，心理諮商領域就會運用自然環境協助個案改善症狀。例如在心理諮商室治療時，心防比較重的患者可能不願意對話，德國和日本的諮商心理師有時會把患者帶到戶

外邊走邊聊，或舒服地待在森林一隅，斷絕外界刺激。在自然環境中，患者會不由自主地把心裡的話講出來，釋放了心情，醫師也好對症下藥。這種健康促進的效果除了對心理疾病患者有效之外，一般民眾走入森林也能帶來心理健康效益。

根據一份最新研究報告指出，民眾林間漫步休閒活動每年幫英國節省1億8500萬英鎊的心理健康成本支出，而都市中的行道樹也幫忙減少每年1600萬英鎊抗憂鬱症藥物的支出[9]。

森林療癒還可以跟醫學領域有更多的結合。我們在日本參訪時，看到醫院蓋在山邊，山路上有護士陪著長者做復健，像這樣讓患者在風光明媚的戶外進行復健活動，心情比較舒服，抗拒心也降低了，原本只願意做半小時的活動，可以做到1小時，甚至2小時，有助於復健的成果。因此醫療體系可以應用森林療癒的概念，在專業醫護人員指導下結合藥物、手術、諮商、營養、運動、自然休養與溫泉等活動，幫助患者恢復健康。

許多先進國家都已將自然保健概念帶入醫療體系中，例如蘇格蘭2018年10月開始准許醫生開立自然處方箋。美國公園處方箋協會（Park Rx America）與醫療團體、國家公園、林務局管理單位合作，利用軟體協助醫生開立自然處方

箋，讓患者走入自然，促進健康並減少用藥，還進一步追蹤患者是否確實執行，具體計算自然環境創造的健康價值；目前美國已有46州，約1萬座公園與500位醫師參與這項計畫。

　　追溯到二十世紀，德國醫生可以將病人轉診到自然療養地，像是克奈普（Kneipp）療養地，透過水療、草藥植物、運動、營養與身心平衡運動（瑜伽、冥想與正念等）改善病人症狀。在台灣也有一群有志之士推動綠色照護，在醫療院所中運用園藝治療、森林療癒、生態治療、冒險治療、動物輔助治療等輔助療法，建立一個全人照護的環境，這樣的做法在目前醫療體系是一項重大突破。

護士陪同長者前往森林步道復健。

復健步道一景。

# 森林療癒實證研究
## 健康篇

## 其實森林很想療癒你，只是你不肯放過自己

　　接觸自然有益健康。不管是走進森林享受沁涼的微風而身心愉悅，觀看日出雲海美景而心有感動，抑或是在林中小寐如稚童般得到莫大的滿足，相信大家都有過類似的經驗。

　　我們很早就知道接觸自然有益健康，然而直到近20年才開始系統性的研究分析、探討自然對生理及心理健康的相關影響。這轉變的其中一個原因是隨著都市化的發展，環境的破壞與繁忙的生活型態廣泛影響了人類的健康與福祉，於是越來越多人開始關注接觸自然對人類健康的好處。

　　另一個原因則是健康量測工具、技術越來越進步。我們希望知道人在自然環境中的生理及心理狀態，因此相對應的生理量測工具與儀器必須實用才行，至少能夠帶到現場做研究。

　　例如我們曾為了瞭解戶外活動體驗對於生理壓力的影響，請受試者進行2天1夜的登山活動，於出發前後量測他們的唾液皮質醇（Cortisol，壓力賀爾蒙，可代表人體壓力狀態）。而檢驗唾液皮質醇濃度需先收集受試者口水，讓他們將試管靠在嘴邊約5-10分鐘讓唾液流到試管中，再低溫冷藏從山區驅車送到市中心的醫檢所。這過程相當麻煩，稍有不慎檢體就失效了，而且當次研究帶著十多位受試者在步

道出口「流口水」，那畫面實在太經典了，讓人印象深刻。

後來知道日本開發出唾液澱粉酶測試方式，以唾液澱粉酶儀器（Salivary $\alpha$-amylase Monitor）量測唾液澱粉酶活性，只需口含試紙，再將試紙放入儀器中評估唾液澱粉酶活性。整個過程大約3-5分鐘，就可以測得受試者當下生理壓力狀態（如頁68圖）。雖然唾液澱粉酶活性代表生理壓力的精準度不如皮質醇，然而在考量方便與易用性之下，不失為一個好方法。現在唾液澱粉酶儀廣泛使用於台灣、日本的森林療癒研究與活動中。

健康狀態量測技術不斷進步，類似的森林療癒科學研究才能進行。不是所有民眾都能瞭解自然的健康效益，有了科學驗證的森林療癒健康效益研究才能更有效說服大眾，鼓勵大家走入森林。

森林環境具有維持人類生存與增進健康福祉的功能，但在繁忙的都市社會中我們都很容易忘記走入森林就能獲得健康，所以需要一直不斷提醒大家這單純的美好。其實森林始終在那邊，它很想照顧大家，我們要給它一個機會。

實證研究對跨領域的溝通其實很有幫助。例如我跟醫生朋友討論大自然健康效果時，朋友跟我說：我都知道，不過你能不能直接提供數據，讓我知道在森林中待3天2夜的睡

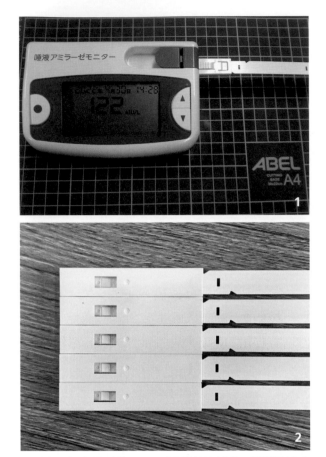

1.唾液澱粉酶量測儀。　2.唾液澱粉酶試片，澱粉酶濃度越高、試片反應區顏色越黃，代表壓力值越大。（陳奐存提供）

眠改善效果，我才有信心建議患者去山上休息，並且少開安眠藥。顯然，有時候跟醫生溝通大自然的健康促進效果有多好、有多棒，還不如直接給他們更有說服力的科學驗證結果。

日本是針對森林療癒主題進行學理性及系統性研究最為積極的國家，自2000年開始投入數十億日幣研究至今，已經累積大量的科學證據證明本土森林的健康效益。

歐洲也將森林健康效益納入森林政策的研究範疇，他們認為目前歐洲的森林政策中，森林環境與人體健康的層面尚未被廣泛納入預防保健相關措施，原因是相關機構對於森林與人體健康的領域並非特別瞭解，因此未來會透過更多的研究證據將森林所提供的健康效益更清楚容易地傳達給相關的決策者或是民眾，讓森林與衛生機構能夠意識到森林環境帶來的效益，以利於森林和醫療保健部門創造新的商業模式，同時改善大眾的身心健康，達成多贏的局面。

例如最近在歐洲有一個由歐盟支持的Green for Care（Green4C）跨國計畫正在執行中，為了滿足不同族群的人對於綠色健康的需求，他們致力於推動森林健康照護（Forest-based Care）、社交農業（Social Agriculture）、都市綠色照護（Urban Green Care）與綠色健康旅遊（Green Care Tourism），以增進民眾健康的福祉。

從過去的研究可以大致歸納出森林體驗具有降低血壓、提升副交感神經活性、抑制交感神經功能，與增進免疫力等生理功能上的效益，以及改善情緒等促進心理健康的功能。以下跟大家分享一些有趣的研究。

## 只要從都市走入森林就有降低血壓的效果

心跳、脈搏、血壓是代表身體狀態的基本生理指標。心跳率是指心臟每分鐘跳動的次數，一般成年人的心跳率為每分鐘60-100次，太高或太低都不好；血壓則是血液由心臟送出時在動脈血管內產生的壓力，可分成收縮壓與舒張壓，收縮壓為心臟收縮時產生的壓力，舒張壓則為心臟舒張時產生的壓力。血壓的量測單位是毫米汞柱（mm Hg），世界衛生組織擬定血壓應處於收縮壓／舒張壓數值為140/90mm Hg以下，太高或太低都不好。

人感受到焦慮或害怕的情形則會造成心跳速率升高與血壓上升；反之，人在放鬆狀態時，心跳速率與血壓會降低，例如看到湖景、聽到溪水潺潺流動聲時身體放鬆，心跳速率與血壓數值皆會降低。心跳、血壓的基本生理狀態指標可作為健康狀態指標。

為了瞭解森林環境對心跳、血壓的影響，宮崎良文教授研究團隊招募了一群受試者進行試驗，把受試者隨機分成A、B兩群，第一天A群先到都市步行，B群進入森林體驗，並進行活動前後的量測；第二天，兩群交換，A群去森林，B群去都市，一樣做前後的量測。所有受試者都體驗了森林與都市兩種環境，這種方法有效的控制個體差異，將可能誤差降到最低，然後分析比較森林與都市的差異，就可以清楚知道環境對於心跳、血壓的改善效果。

　　研究結果發現，在森林環境中的心跳速率與血壓明顯比在都市環境來得低，這結果清楚呈現人在森林中比較放鬆[1]。這種研究方式呈現出兩個環境帶來的健康差異，可以清楚瞭解差異大小與比例，是相當清楚的科學驗證，而不只是單純在森林比較舒服、人比較輕鬆的主觀描述。

　　該研究的方法與結果也應用在日本森林療癒基地認證上，許多療癒認證步道最後都以指示牌呈現先前當地的研究效果。進一步的研究發現，走進森林除了對一般人有調降血壓的效果，對於高血壓患者也同樣有益。一個針對高齡高血壓患者的研究也指出，經過7日的森林體驗之旅能夠使患者的血壓顯著下降，改善他們的高血壓症狀[2]。

## 走入森林可以調節血壓

宮崎教授的研究發現接觸自然的放鬆效果可降低受試者的脈搏與血壓。若是如此，血壓低的人是不是就不適合在森林中散步？其實不然。研究團隊比較森林環境與都市環境中血壓的改變，發現血壓較高的受試者在森林環境活動過後，血壓降低，而血壓較低的受試者森林散步回來後，血壓升高，但是血壓調節的效果在都市中並未發生[3]。

換句話說，森林散步可以調節受試者的血壓，而在都市散步就沒有同樣的效果。我們在南投大鞍森林所做的研究也發現舒張壓與收縮壓都可以調節[4]。人與森林環境互動所帶來的健康調節效果，很神奇吧！

## 森林浴體驗可以提升免疫力

免疫系統能分辨進入身體的病原體，啟動防衛機制，知道入侵的對象並加以對付而能預防疾病，進而保持身體的健康平衡。免疫系統並不局限於特定器官或組織，是一群可以到處移動的白血球，這群白血球依其功能分成不同群組，例如多形核細胞、吞噬細胞、自然殺手細胞等，這些細胞又可

分泌許多化學物質參與免疫反應。此外,人體細胞隨時都在增生,這些增生細胞可能會侵害組織,也就是所謂的惡性腫瘤(俗稱癌症)。

正常的免疫系統會抑制腫瘤細胞,是人體重要的防衛與修復機制,一旦免疫系統紊亂或崩潰,疾病就會趁機而入,人體的抗惡性腫瘤能力也會下降。簡單來說,免疫系統像是人體的軍隊對外奮勇殺敵,對內清除基因突變、癌化的細胞,晝夜不停地維護體內的「和平」。

李卿教授團隊將日本47個地區各種癌症標準化死亡率與森林覆蓋率進行相關分析,並控制吸菸比率與健康程度等不同因子之後發現,當地森林覆蓋率與女性肺癌、乳癌、子宮癌的死亡率呈現顯著負相關;男性則是攝護腺癌、腎癌與大腸癌的死亡率與當地森林覆蓋率呈現顯著負相關[5]。換句話說,居住在森林覆蓋度高地區的女性,肺癌、乳癌、子宮癌的死亡率較低;居住在森林覆蓋度高地區的男性,攝護腺癌、腎癌、大腸癌的死亡率較低。由此流行病學的研究可以發現,森林環境有助於降低特定種類的癌症死亡率。我們可以聯想自然綠地有助於免疫系統的提升,因此降低了癌症死亡率。

李卿教授團隊分析背後可能的原因跟機制。他們安排了

3天2夜的森林浴體驗，收集受試者活動前1天（都市中）、第1天和第2天（森林中）、回到日常生活（都市中）後第7天，以及1個月後（都市中）的血液與尿液樣本。結果發現，在森林浴活動第1天，成年男性血液中的自然殺手細胞活性及數量就顯著上升，第2天免疫系統提升更加明顯，但回到都市後指數開始慢慢下降，直到1個月後，自然殺手細胞的活性與數量仍然高於出發前1天。

這個研究結果證明，3天2夜的森林之旅能夠促進自然殺手細胞活性及數量，且提升效益可持續長達30天[6]。透過同樣的研究法，也證實了3天2夜的森林之旅可促進成年女性的自然殺手細胞活性及數量[7]。因此建議大家每個月安排時間上山走走，促進身體健康。

## 森林體驗有助於自律神經功能調節

人類在野外遇到野獸時會直覺想逃跑，這種生理上的「戰或逃反應」（Fight-or-flight Response）可以幫助我們處理突發的危險，這是人類演化過程中面臨壓力、恐懼時的一種本能保護行為。戰或逃反應由自律神經系統調控，自律神經包含「交感神經」與「副交感神經」，兩者作用通常相反。

交感神經是促進性的,當我們感受壓力、危險時,身體就會啟動相關必要的機能,例如心跳和血壓上升、呼吸變快、體溫增高、肌肉收縮,讓人體保持警覺、提高專注力,可以積極應變當下情況;副交感神經則是抑制性的,在壓力過後負責讓人體鬆弛休息,紓緩心血管、呼吸、肺部與肌肉功能,促進消化,啟動睡眠,讓身體器官好好休息放鬆儲備精力。

所以像是工作時需要專注力,此時交感神經活性就會提升,讓我們好好面對手上的任務;晚上該休息時,副交感神經活性就會提升,讓身體慢慢進入休息狀態,恢復身體機能。換言之,交感神經就像是汽車油門,副交感神經就像煞車,平衡我們的身體狀況。如果交感神經過強,就會出現焦慮緊繃、心跳加快、血壓升高等症狀;如果副交感神經活性太強,就容易疲憊懶散、精神不濟、體力下降。

人類若長期在緊張的都市生活,交感神經持續被刺激,活性變得比較強烈,副交感神經活性一直被抑制,就像跑車油門搭上腳踏車的煞車,兩者無法相互調節,久而久之身體就會出現各種症狀,即是我們常講的「自律神經失調」。自律神經失調使得身體從頭到腳都可能出現肌肉痠痛、頭痛、耳鳴、皮膚發癢、心悸胸悶、呼吸不順、消化不良,甚至全身倦怠、失眠、情緒低落等症狀。

2010年於日本24個不同的森林環境所進行的實驗，透過大量的研究數據分析，結果證明了相較於都市環境，森林環境可以顯著提升副交感神經功能與抑制交感神經活性，讓人體在生理的層面上確實感到放鬆，也為森林環境提供健康效益的說法提供了有力的支持[8]。有了研究的驗證，日本山梨縣保健農園以調節自律神經平衡為號召，提供各種自然療癒活動，並檢測遊客自律神經平衡，再依據分析結果提供相關健康諮詢，協助遊客提升身心健康。

## 森林可以改變你的腦波

為什麼走在森林裡會覺得輕鬆自在、身心愉快？這其實可以透過科學方法來驗證。幾年前我們做過一個小試驗，探討腦部在自然環境中的反應，用腦波儀評估在不同環境下散步的腦波狀態。

人的大腦隨時都在活動，即便是睡眠時也不會停止運作。大腦運作時神經細胞會不斷放電，科學家運用腦波儀在人類頭皮上測得微弱的電波變化，這就是腦波測量的原理。腦波儀收集腦波資料，轉換成不同頻譜後可代表大腦狀態，$\beta$波代表專注、控制、壓力、緊張狀態；$\alpha$波代表放鬆、休

內洞森林遊樂區。

息；δ波則是深層睡眠時呈現的腦波；γ波則代表認知覺察功能的進行可產生快樂與創意。研究發現禪修者禪定狀態時大腦的α波以及γ波活動十分顯著[9]，而禪定狀態下大腦中樞與快樂相關神經元活動非常活躍，所以冥想（Meditation）與正念（Mindfulness）等類似的心智訓練也能激發腦部α與γ波，有助於放鬆與快樂。

我們曾讓受測者頭戴腦波儀，在台北公館商圈（都市環境）、大安森林公園（人工綠地環境）與內洞森林遊樂區（森林環境）實測，這三個地點代表不同的環境綠化程度，受試者分別進行30分鐘散步活動，在步行過程中同時收集腦波資料瞭解受試者當下狀態。分析結果發現在不同的綠化程度下，森林中散步產生最多的α波，其次是大安森林公園，最後則是公館商圈；而β波的產生以都市環境最高，公園次之，森林環境最少。上面的研究說明了在森林散步可增加腦部α波，減少β波，讓我們放鬆沉靜，減少焦慮壓力。想要改變腦波，不用唐鳳，森林也可以辦得到。

在森林中能促進α波產生，跟正念與冥想心智訓練有類似的效果，如果在森林中進行類似的心智訓練有一加一大於二的效果嗎？一個韓國的研究發現，在森林進行冥想散步（Mediative Walking）比在運動場館中冥想散步有改善焦慮與

提升快樂的較佳效果[10]。

## 森林療癒改善心理健康

　　大家或許都曾經發現，走進森林後心情變好了。某次演講後，聽眾跑來跟我說：「老師你講得好有道理，我若是放假時帶父母出去走走，從山上回來他們心情都很好，一個星期都不會吵架；而如果是逛百貨公司、看電影回來，這個星期就常吵架，屢試不爽。」我想這是森林體驗促進心理健康，也進一步維持家庭和諧最佳的例子。

　　為了瞭解進入森林中心理反應的變化，科學家也以心理、情緒相關問卷等研究工具作為輔助，從心理狀態觀點探討走入森林的心理健康效益。例如學者以盤斯情緒量表（Profile of Mood States, POMS）或是情境—特質焦慮量表（State-Trait Anxiety Inventory, STAI）作為心理效益的評估工具，比較都市與森林環境，或是森林療癒活動對於情緒與焦慮狀態的影響，這樣的方式廣泛應用於森林療癒研究中。

　　宮崎教授團隊於日本24個地區招募受試者參與實驗，比較在森林與都市中靜坐冥想與散步後，關於緊張、沮喪、憤怒、疲勞、困惑與活力的情緒差異，前五者是負面的情緒

狀態，最後一個活力則是正面的情緒狀態。根據研究結果，受試者於森林環境時，其情緒量表的緊張、沮喪、憤怒、疲勞、困惑等負面情緒下降，而代表著正面情緒的活力則顯著上升[1]；類似的研究也發現森林環境有助於改善焦慮[11]。

　　近期在英國一個針對青少年心理健康大規模的研究也發現，多暴露於林地環境有助於降低青少年情緒以及行為問題的風險[12]。以上的研究佐證戶外綠色空間有助於心理健康，實驗證據也使得森林環境對於心理健康效益獲得了強而有力的支持。

　　這些研究驗證也協助森林療癒走入憂鬱症的臨床治療研究。韓國申教授研究團隊應用森林療癒體驗改善酒精成癮患者的憂鬱情緒狀態，研究結果顯示，患者經過3日的森林療癒營隊後，憂鬱指數比對照組顯著下降[13]。此外研究也顯示，重度憂鬱症的治療過程若結合森林環境，在恢復效果上顯然優於傳統治療方式[14]。這些結果也驗證了森林環境能夠成為促進心理健康的優良場域。

　　為什麼走進森林能夠改善憂鬱症狀呢？都市的生活壓力常造成憂鬱等心理疾病，而造成憂鬱的因素很多，「反芻式思考」（Rumination）是其中之一，指的是個人過分沉溺於消極的思想中，反過來又會強化自己悲傷、焦慮和沮喪的感

覺，這種糾結造成惡性循環，使得憂鬱狀態越來越嚴重，造成心理疾病。

研究發現，在森林中散步能夠讓反芻式思考的腦部神經活動減緩，有助於打斷惡性循環的思路。這結果解釋了自然體驗對於心理健康影響的機制，也說明了自然環境對於繁忙高壓都市生活的重要性[15]。

## 窗外自然美景讓人提早出院

除了前面提到應用森林環境治療憂鬱症的案例之外，病人接觸自然也能加快復原速度。

1984年，一項相當著名的研究發表了，是探討醫院窗外景色對手術後病患的恢復效果。研究分析 1972-1981 年間經歷過膽囊切割手術病人的醫療紀錄，並交叉比對其住院病房內能否看到窗外景色，結果發現病房窗外能見到自然景色的病患，身體恢復得比病房中沒有窗戶的患者來得快，住院時間比較短，所使用的麻醉止痛藥劑量較低[16]，於是自然體驗做為輔助治療方案得到重要的科學驗證。

## 「垃圾吃、垃圾大」是金ㄟ

台語有句俗諺「垃圾吃，垃圾大」，意思是說孩子隨便養，可以隨隨便便健康長大。以往物資缺乏的年代，大人為工作辛勤奔波，無暇好好照顧孩子，放任孩子滿地爬，撿到什麼就往嘴裡送，未刻意保護反而百毒不侵，健康長大。這句話可不是口說無憑，研究發現這說法其實是有道理的。

科學家發現一個有趣的現象，落後國家的孩童少有過敏症狀，推測是落後國家都市化發展相對落後，環境中的過敏原較多，孩童身上的免疫系統長久被刺激，反倒減少了過敏的現象。這說法也獲得驗證，研究發現在鄉村長大的兒童，由於生活周遭充滿帶有動物細菌的灰塵，比起都市孩童反而具有更強的免疫系統和抗壓力，可以降低氣喘與過敏的風險，甚至罹患精神疾病的比例都比都市中不養寵物的人低[17]。

人類社會走入都市化與科技化之後，我們越來越強調清潔與衛生，這樣的生活習慣也讓我們失去與微生物接觸的機會。某些微生物有助於人體調節免疫系統與抑制發炎反應，研究也指出腸道某種細菌有助於社交功能的提升[18]。乾淨少菌的生活方式，降低了我們身體內的微生物多樣性

（Microbial Biodiversity），學者指出體內有益及有害的微生物是我們與生俱來的「老朋友」（Old Friends），有益的微生物有助於健康，有害的微生物則促使人體練就各種抵抗力，所以體內微生物多樣性程度高有助於健康[19]，而接觸自然可以增加我們體內微生物多樣性，進而增進健康。

## 抗憂鬱疫苗存在於自然土壤中

「泥土好髒喔，嗯。」是這樣嗎？科學家發現自然土壤裡存在著幫助人類對抗憂鬱的細菌。「牝牛分枝桿菌」（Mycobacterium Vaccae）是土壤中常見的細菌，存在於森林、草地以及家中庭園。英國學者歐布萊恩博士將殺菌過的牝牛分枝桿菌注入接受過化療的肺癌患者體內後，發現在肺癌治療上效果不大，但是病患比較快樂且有活力，減少了病患因罹癌導致的情緒問題，認知能力也提高了[20]。進一步的動物實驗研究則發現，熱滅菌後的牝牛分枝桿菌注射進小鼠體內後會刺激腦部血清素（Serotonin）的分泌，發揮類似抗憂鬱藥的作用，可以預防小鼠在實驗中產生焦慮或恐懼感，以及減少衍生出創傷後壓力症候群的風險，效果就如同「抗壓力疫苗」一樣[21]。

研究結果說明了來自地上的土壤細菌有可能是好菌外，也可能有機會開發出預防壓力、憂鬱與創傷症候群等身心疾病的「抗憂鬱疫苗」。研究拓展了我們的視野，打破一般人認為泥土骯髒不健康的刻板印象，也從傳統以自然景觀促進心理健康的觀點，走向以微生物科學解釋接觸自然帶來長期心理健康的領域。

白神十二湖之森森林療癒基地自導式路標，提醒遊客接觸土壤感受自然。

## 想要功課好，常往自然跑

　　人類的大腦很複雜，有許多不同的功能處理日常生活中不同的刺激，其中認知功能包含語言、記憶、注意力、學習、知覺、動作、執行能力與社交表現。簡單舉例來說，小孩子成績比較好，就是記憶力好、專注能力好等認知功能表現較好的結果。

　　認知功能會受到疾病或是老化的影響造成退化，像是年紀大了常常忘記鑰匙在哪裡，就是認知功能中的記憶力衰退。充足的睡眠、健康飲食與規律運動有助於提升認知功能，常常接觸自然也有助於各個年齡層提升認知功能。

　　《失去山林的孩子：拯救「大自然缺失症」兒童》一書提到了多接觸自然環境有助於孩子情緒控管與認知功能發展。最近一份針對兒童早期認知發展的大規模研究，調查了加拿大溫哥華地區約2萬8千位幼稚園學童居住環境跟認知功能發展的關聯性。研究結果發現幼童若居住在環境綠化程度較高的地方，他們的身心健康、社交能力、情感成熟度、語言能力，以及溝通技巧等早期兒童發展的重要功能表現會較為成熟，其中又以樹木多的居住環境優於草地環境；而在人工鋪面較多的居住地區，孩童的發展則相對落後，可能影

響的原因有活動空間較少、空氣與噪音汙染以及環境溫度較高等因素。

　　研究突顯了自然環境對於幼童早期發展的重要性，其中又以林地的效果最好[22]。所以在居住環境的選擇上應尋找綠地空間較多的社區，或是在都市設計上，盡量將人工鋪面改造成自然綠地環境。

　　9-15歲是兒童與青少年認知功能發展的重要階段，英國研究人員以此年紀的兒童與青少年為目標對象，追蹤分析2014-2018年間，共3,568位受試者認知功能與心理健康的資料，探討不同類型自然城市環境與學生認知功能，以及心理健康的關聯性[12]。研究人員使用衛星資料分析每位青少年家庭和學校附近50、100、250及500公尺範圍內草地、林地與水域環境每日的自然暴露率，結果發現相較於其他自然環境，多接觸林地有助於提升學童認知功能，也有助於降低情緒和行為問題的風險。

　　成功大學吳治達教授研究團隊也有類似研究結果，他們以美國麻州3年級到10年級公立學校的學生成績為樣本，探討校園鄰近地區綠覆蓋度與學生課業表現的關聯性。研究結果發現綠覆蓋度越高地區的學校學生，英語與數學課業表現越好[23]。

　　很多家長為了孩子學業成績，將孩子局限於狹小的室內

空間學習，每日早出晚歸，這樣的方式本末倒置，孩子不但睡不好，也剝奪了他們接觸大自然提升認知功能的機會。所以想要孩子功課好，想辦法讓孩子到戶外就會有幫助。

## 森林療癒提升中高齡創意能力

多數森林療癒研究聚焦於探討生理及心理壓力恢復的主題，而討論接觸自然促進人類其他福祉，如認知功能與創造力的相關研究有限。綠色環境除了在視覺上讓人身心舒暢，降低壓力外，也提供戶外活動的場域。多接觸戶外可以提升注意力、記憶力、語言能力、空間定向能力、決策判斷與創造力等認知功能。例如，研究人員將56位初次登山的受試者分為實驗組和對照組，實驗組沉浸於自然環境中4天，研究結果顯示實驗組較對照組創意分數提升47%[24]。

類似的研究探討野外營隊活動對遠距聯想創造力的影響，研究團隊將25位大學生分為實驗組和對照組，實驗組參加為期6天的野外營隊活動並隔絕電子產品的使用，研究結果發現實驗組創造力得分比對照組提高49%[25]。該研究聚焦於戶外體驗對於年輕人創意的提升，我們的研究進一步發現森林療癒營隊有助於中高齡族群創意的提升。

我們在南投大鞍的森林療癒研究發現，在3天2夜的活動中有效提升中高齡受試者27.74%的創意表現，這創意提升程度與負面情緒改善有關[26]。研究結果證實3天2夜的森林療癒活動不僅有助於身心健康，也可提升參與者創造力，這個研究把森林療癒的健康效益推進到另一個層次。

## 虛擬實境自然體驗在健康照護上的應用

在某次針對醫護人員的森林療癒演講中，有位心理師提到：「我照顧的都是臥病在床的末期患者，沒有體力舟車勞頓，走出戶外又怕感染，如何應用森林療癒協助他們？」

的確如此，前面講到很多接觸自然有益身心健康的實證研究，自然體驗對一般人或許很容易，對於某些族群就沒這麼簡單。交通因素（車程過長、塞車）、自然因素（氣候不佳）、參與者意願（沒有戶外活動意願）與體能狀況（體能不佳的中老年人，有感染疑慮的病患），或是目前新冠病毒流行全球，為了確保健康所採行的「社交距離」政策會限制民眾走出戶外，種種因素都會影響大家透過接近自然促進健康的機會，此時虛擬實境（Virtual Reality, VR）自然體驗成為改善民眾心理健康的替代方案。

虛擬實境是利用電腦圖像技術建模出 3D 的虛擬環境，能夠創造出擬真體驗。透過視覺與聽覺的雙重刺激，使用者可以身歷其境般進入虛構世界，並在 3D 高細膩的環境裡，藉由場景互動與空間移動的技術，達到更深入的沉浸感。其中頭戴式顯示器可呈現高規格清晰的環景畫面，加上可在虛擬空間中移動自如的技術，能夠讓使用者在觀看過程中沉浸於模擬出來的虛擬環境。

　　虛擬實境的體驗效果相當真實，某次心理系師生參觀我們研究室的 VR 設備，體驗殭屍射擊遊戲，殭屍從四面八方圍上來時，一位女同學嚇倒在地上差點哭出來，可見虛擬實境的模擬效果相當逼真。虛擬實境具備創造逼真視覺模擬效果的能力，體驗自然有前面說到的健康效益，虛擬實境結合自然體驗也可應用在健康照護產業，給病人、怕感染的人或是現在疫情之下的隔離者一些助益。

　　我不是第一個有這種想法的人，早在 20 年前就有學者使用虛擬實境技術來輔助生理及心理療法，像是歐亞馬（Oyama, H.）醫師等人設計森林散步虛擬實境系統，協助癌症化療病人，避免讓他們冒著走到戶外造成感染的風險，而能在室內放鬆並改善情緒[27]。也有醫療單位使用虛擬實境，讓燒燙傷患者在換藥過程中觀看冰山轉移注意力，大幅降低

患者換藥過程中的疼痛感[28]。

　　早期虛擬實境技術所費不貲，設備都是百萬起跳，還需要很大的空間放置儀器，加上專人維護。而且以前軟體技術門檻高，3D虛擬空間建立不易，需要專人編寫程式，進入這領域的技術門檻相當高。此外，以前VR顯示技術未成熟，體驗的過程容易頭暈。隨著虛擬實境技術日趨成熟，打造逼真的虛擬世界不再是難題，近幾年全球很多公司積極開發相關技術，像是國內宏達電（HTC）就提供方便使用的軟硬體設備與技術支援。

　　我們也做了一些研究，發現虛擬實境森林體驗有助於降低年輕族群的心跳收縮壓，並促進副交感神經活性，也可以提升活力與改善負面情緒[29]；對於樂齡族群則可以降低心跳與緩和負面情緒[30]。有了這些成果，我們將虛擬實境自然應用於亞東醫院安寧病房中，拍攝360度的台灣自然景觀全景影片，藉由VR頭戴式顯示器讓病友有如身歷其境，沉浸於大自然，紓緩情緒（如右圖）。

## 接觸自然的劑量

　　講了這麼多接觸自然的好處，相信大家一定很好奇，要

1.森林健康效益實驗。　2.安寧病房患者體驗虛擬實境森林。（亞東醫院家醫科林欣怡諮商心理師提供）　3.林間拍攝虛擬實境。　4.虛擬實境體驗。

接觸多久才會有這些健康效果？也就是說，接觸自然的「劑量」應該是多少？其實科學家們對這問題也很好奇，因為不同的接觸自然時間、不同的戶外活動形式與不同的對象，所帶來的效益可能都不一樣，所以學者們做了一些深入的研究，提出以下數據供大家參考：

- 每次進行 20-30 分鐘的自然體驗，可以有效減少生理壓力[31]。
- 每週至少走入戶外綠地 30 分鐘，可有效減少憂鬱並降低血壓[32]。
- 每週逛花園或公園 4-5 次，減少憂鬱感的效果最佳[33]。
- 每週至少接觸大自然 120 分鐘，可以提升幸福感[34]。

　　雖然很多人無法經常抽出時間到山上，不過即使每週到鄰近的森林步道或是有綠蔭的公園走走，對健康也有不錯的效果，一定比一直待在室內空間好。

## 森林療癒促進健康的理論基礎

　　從 90 年代開始，科學家們就提出不同理論，解釋自然

環境對生理及心理健康產生效益的機制。最早由艾德華·威爾森提出「親生命假說」，主張人類有親近自然的本能，人與自然天生就有連結，當人們進入自然環境時，就恢復與自然的連結，因此對人體的生理及心理有良好的助益[35]。

　　大約在同時期，烏爾里希（Roger S. Ulrich）教授也提出「壓力消減理論」（Stress Reduction Theory）[36]，進一步詮釋人對自然環境會有偏好，可以產生正向情緒或是緩和負面情緒，進而改善認知功能與生理機能。最明顯的實證案例就是前面所掲到，病房窗外可見到自然景色的病患，身體恢復得比較快、住院天數較少，所使用的麻醉止痛藥劑量較低[16]。

　　其後，卡普蘭（Stephen Kaplan）教授提出「注意力恢復理論」（Attention Restoration Theory, ART）[37]，強調自然環境能促進心理恢復效益。此理論提到人的注意力分成「直接注意力」（Directed Attention）與「非自主性注意力」（Involuntary Attention），直接注意力是指要關注的人、事、物不吸引人，需要特別集中精神避免分心，而非自主性注意力則是指不需耗費心力而能注意的，像是觀賞自然美景。這兩種注意力相互平衡，在多使用非自主性注意力的狀態下，直接注意力就會得到恢復。例如在工作或課堂中為了需要一定的專注力，一段時間之後，直接注意力就會開始被消耗殆

盡，產生壓力與疲勞感，此時若窗外有藍天白雲或是蟲鳴鳥叫，我們的非自主性注意力提升了，直接注意力的消耗減少而慢慢回復，疲勞感與壓力就會減少。

注意力恢復理論進一步將健康效果連結到自然環境的特性。環境中若具備「遠離性」（Being Away）、「延展性」（Extent）、「魅力性」（Fascination），以及「相容性」（Compatibility）4項特徵，能使人從疲勞中恢復活力。

森林是符合恢復性環境（Restorative Environment）特性的場域，進入森林可以遠離日常生活的相關事物，山水景色提供延展性，美麗風景具有魅力且吸引人，可使人感受愉悅。當環境所能提供的資源與個體想做的事情符合時，便會使人產生相容的感覺，所以當我們身處森林環境中，會使用較多的非自主性注意力，直接注意力便會隨之恢復，具有有益身心健康的效果。尤其是長期專注於工作或使用電子產品、無形之間累積了許多疲勞的現代人，透過森林體驗放鬆心靈，將專注力放在自然中，便可有效降低疲勞的感受。

為何在森林可以感受到壓力減緩，而在都市卻沒有這種感受呢？又為何在森林中可以感受到寧靜與平和？除了前述的機制外，哈密特（Hammitt, W. E.）與布朗（Brown, G. F.）

具有恢復效果的林間景觀。

具有魅力的自然景觀。

教授則提出不同看法，他們認為過度擁擠造成過多的社交需求，使人產生不適；森林靜謐的環境提供了適當的隱私感，能夠降低城市的擁擠感所造成的壓力，讓人從壓力中釋放，進而享受森林帶來的療癒效果[38]。

　　上述理論以不同角度說明自然環境對人體生理及心理的影響，當然隨著時代的演進，學者們也提出不同的看法，像是從「戰或逃反應」來詮釋人類面對短期壓力時，自然環境能協助調控自律神經功能；或是從人體微生物多樣性的觀點解釋自然環境對於免疫系統和抗壓力的長期影響。

　　這些理論的提出對於森林療癒的發展非常重要，能夠讓大眾更清楚瞭解接觸自然帶來的健康效益。未來更需要應用許多跨學門的知識，像是公共衛生研究、森林醫學、森林環境研究、景觀研究與休閒遊憩研究，詮釋森林療癒促進生理及心理健康的機制，以進一步發展多元的用途。

## 療癒的森林環境

　　英文的forest很有趣，可以拆成for+rest，意即森林是用來休息，恢復身心狀態。在繁忙的工作之餘，森林環境提供人類一個安靜、和諧、舒適、愉快的遊憩場域。森林環境與

運動刺激　 光線刺激　 森林內放鬆
生活的解放
心情轉換

身體調理
自律神經
內分泌
免疫力提升 　互相強化  心情平衡、
健康認知功能
穩定情緒

 森林環境
刺激五感　 森林休閒
遊憩　 森林美景
感動與啟發

森林療癒與健康關係圖。

其中的遊憩活動刺激五感，調節身體、放鬆心情，生理及心理功能改善、互相強化達到身心平衡。具體而言，透過林間活動可促進血液循環，提高新陳代謝，轉換心情使副交感神經系統處於舒展狀態（如左圖），促進生理及心理健康。

然而，並非所有森林環境都適合進行森林療癒。海拔太高可能會有高山症，森林內太過溼冷不利於心血管功能，步道過於崎嶇或有危險的動植物可能也不適合。什麼樣的森林環境具有療癒效果，適合進行療癒活動呢？下一章跟大家分享什麼是療癒的森林環境。

# 森林療癒實證研究

## 療癒環境篇

## 森林療癒環境不只是芬多精、負離子

提到森林療癒，如果只有想到芬多精、負離子，那就太小看森林的健康力量了。森林提供舒適的環境，促進人類健康，而這個療癒環境的組成因子相當多，包含良好的空氣品質、溫度、溼度、照度、氣壓，以及芬多精與負離子等，此外，林相景觀也提供了療癒的元素。進一步來說，不同的森林有不同的環境因子，像是森林種類、林分密度、海拔高度、樹冠層高度、林下植群的種類分布、森林土壤等，會影響森林內的微氣候、光線、溫度、相對溼度、大氣壓力、風、空氣品質等，而這些不同的環境因子會影響體驗者的生理與心理感受。也就是說森林環境對人類的感官器官提供不同的刺激，會影響人們生理及心理的健康效益。

## 森林環境對健康的影響

走進森林的第一個感覺應該就是涼爽，每次驅車上溪頭，山下與山上的溫差約莫10℃，走出車外便像走入一個天然冷氣房，涼爽舒暢，一掃都市的燥熱煩悶感。每個人因為不同穿著以及生活經驗，對於溫度的耐受程度也不相同，

當環境溫度改變時，大腦下視丘會調節體溫，使身體適應環境，長時間處於過高或過低的溫度會造成生理及心理的負面影響。

人體最適中溫度約為18°C-25°C，高溫使人產生煩躁不安的情緒，低溫則會使末稍血管收縮產生豎毛肌收縮與顫抖，會降低注意力與肌肉反應力。長時間待在寒冷環境易造成焦慮、沮喪等情緒，使人感受孤單、寂寞及壓力。

溫度過高或過低對健康可能有不良影響外，溫差過大對健康也不好，例如忽冷忽熱可能會誘發心血管疾病[1]。常有樂齡長者坐遊覽車上山，一下車就興奮得往森林裡跑，然後沒多久就在步道上暈倒了，屢見不鮮。原因是坐在車上身體熱烘烘的，下車後溫度驟降，血管收縮、血壓上升容易造成身體不適。這種不適是身體來不及適應周圍溫度所造成的，所以上山後切記要保暖，避免突然間感受過大的溫差。

相較於都市環境，森林具有調節溫度的功能，並提供穩定的環境溫度，不同樹種所帶來的環境溫度及溫度變化也會有所差異。夏天時樹枝和樹冠具有遮蔽、吸收或反射太陽輻射的功能，加上植物的蒸散作用會讓氣溫下降，提供遊憩者涼爽舒適的環境。冬天時林木則可以防止熱輻射散失，使得林內氣溫下降較為緩慢。森林環境的溫度變化

較小，所以相較於都市，在心理反應與生理壓
力上都有較佳的恢復力[2]。

　　除了溫度外，相對溼度也會影響生理及心理
感受。例如同樣是30℃，台北市的30℃讓人覺
得躁熱煩悶，洛杉磯的30℃則讓人覺得溫暖和
煦，其間的差異便在於溼度。同樣的大氣溫度條
件下，相對溼度高會使得排汗不易而感覺悶熱，
體感溫度較高；反過來說，相對溼度低，排汗容
易便會感受舒適。所以，相對溼度低時的身體感
受較相對溼度高時要來得好，一般而言，人們感
受到舒適的環境相對溼度是40-70%。在高溫狀
態下，空氣溼度增大會影響到汗液蒸發，人體的
熱平衡遭到破壞，影響身體的耐受力，進而影響
情緒[3,4]。

　　日本與韓國的森林療癒研究發現，疲勞感和
沮喪感與相對溼度相關[5]，受測者的負面心理感
受也與過高的溼度有關[6]，所以說森林中的相對
溼度會影響人的心理感受。台灣地處亞熱帶，四
面環海，大部分時間均炎熱且潮溼，一般森林遊
樂區的年平均溼度約為80%，海拔較高的地區因

為溫度的關係，溼度也會降低，讓人覺得舒爽。從森林經營的角度來看，相對溼度會受到森林的疏密度影響，經過疏伐整理過後的森林，相對溼度會顯著下降，疏伐程度越大，樹冠層也較開闊，林木間對流程度好，相對溼度變化明顯，且相對溼度較低。

森林裡的光照會影響情緒。在黑暗中或是照度過低的情況，會產生不安和沮喪等負面情緒。研究驗證，照度過高則可能造成煩躁憤怒的情緒表現[5]。學者比較森林與都市的照度對心理的影響，發現適中的照度可以予人最大的心理滿足感，也會比較有活力[2,5]，所以在具有適中照度的森林中，可以達到較好的心理療癒效果。

日照受森林密度與樹冠層的影響，林木生長的間隔越小，森林密度越大，則樹冠鬱閉度越高，太陽越難以照射進林內，所以林下環境越黑暗。日照除了照度以外也會帶來輻射熱和紫外線。過多的輻射熱使得環境增溫，過多的紫外線會造成皮膚病變。森林環境可以過濾過多的輻射熱與紫外線，提供人們舒適健康的環境。

大氣壓力也與生理及心理健康有關。大氣壓力與海拔高度成反比，海拔上升則氣壓下降，在正常情況下，當海拔每

增加100公尺，氣溫會下降約0.6°C、氣壓下降約1.2%。低壓的環境使氧氣不容易進入肺部，需要使用更大的力氣呼吸，因此氣壓過低會造成氧氣不足，導致缺氧症狀，造成不適；也有研究指出，當氣壓越低，憂鬱的程度也越低。以上兩種說法其實並不衝突，我們可以把它視為在某個大氣壓力範圍內，壓力越低則越具有療癒效果，但超過臨界值之後，身體反而會因此產生負面影響。

日本一項環境科學研究指出，人類在海拔800-1500公尺的高原地區運動，所產生的氧化壓力較平地少；氧化壓力是指細胞代謝時所產生不完全還原的活性氧分子，進而造成細胞損傷。這項研究結果也解釋了山區環境對健康有益的說法[7]。

氣壓較低的高海拔地區屬於相對缺氧的環境，人體心血管系統應對缺氧的方式就是增加心臟的輸出量來應變，會造成血壓上升，身體的代謝也會較為活躍。這樣的環境有助於訓練心肺功能，較適合輕度疲勞或低血壓的人；但是這種環境狀態會增加心臟負擔，所以不適合有高血壓及高齡者，心律不整及心臟病的人也要多加注意。

有一項在臺大實驗林進行高山1日遊的心血管風險研究

發現，從低海拔移動到高海拔地區，在大約2400公尺海拔的差異下，受試者的心血管狀態變化極為明顯，收縮血壓上升，心臟負擔（輸出量）增加，血氧濃度大幅降低。所以有心血管疾病且未受到良好控制的三高病人，要注意高山1日遊對於心血管帶來的負擔，很可能增加心血管疾病的突發風險，因此最好在行程中安排休息時間，調整身體狀況[8]。

## 森林氣候地形療法

　　德國科學家早在十九世紀就應用森林環境的療癒特性開發出「氣候地形療法」，這是利用森林氣候條件結合山野中緩急不同的森林步道，幫助處於康復期或是體弱的病患改善症狀[9]。使用氣候地形療法的森林步道條件是需要空氣新鮮、景觀良好的森林傾斜地，在設計上須搭配適當的上下坡與彎度，同時也考量使用者在林間步行時能感到愉快不厭倦。

　　氣候地形療法可以改善心肌梗塞或心絞痛的症狀，並已應用在復健與高血壓治療，也可以預防各種生活疾病。這種療法在德國經過長年的發展認證，已納入醫療保險的範疇，並且被不同國家採用。像是日本山形縣上山市溫泉療養地就獲得慕尼黑大學的認證，該地設置多條「氣候地形療法」步道，以推廣健康旅遊活動。日本太陽生命保險公司為了促進員工健康與提高企業生產力，從2016年開始，陸續讓有高血壓、心臟病、糖尿病等慢性疾病的員工，到上山溫泉療養地「出差」進行健康旅遊，跟隨有相關戶外與健康證照的指導員，一起揮汗在認證過的步道中健行，同時也接受飲食生活與伸展運動相關的健康指導與建議。2017年，包含太陽

生命保險公司等三間保險公司，總共派了500名員工到上山市參加健康旅遊活動[10]。這種模式讓員工賺到健康，企業得到生產力，在地社區也得以發展健康旅遊產業，一舉數得。

## 森林中五感的健康效益

森林內樹種、樹齡、樹高等生物因素與地形為森林環境創造出不同樣貌，形成不同視覺效果，影響人們的視覺體驗；森林的空氣、溫度、溼度、風速、氣壓、照度等微氣候條件，影響人們的生理與心理感受。此外，大自然中的蟲鳴鳥囀、風吹動樹葉聲、流水聲、芬多精、植物、泥土等自然物的溫和觸感，還有大量植物所產生隔絕噪音的效果，都是森林環境令人感到平靜舒適的原因。

人類有視覺、聽覺、嗅覺、觸覺與味覺等五種知覺。觸覺是人體中最早發育的感官功能；視覺則是最複雜的知覺，也是人類最主要感知外界的能力。經實驗顯示，樹木的香味、小溪的聲音、從樹葉間透下的光線與森林的空氣，都有使人平靜的效果[11]。研究也指出，森林具有減輕壓力的效果來自於林間景色、木頭的味道、流水的聲音、落葉的聲音、觸摸樹木與樹葉表面的感覺[12]。由此可知，視覺、聽覺、觸

覺、嗅覺及味覺是森林具有療癒效果的重要因素，以下分享
五種感官體驗對健康的效益。

## 森林視覺景觀療癒效果

　　人類感官是以視覺刺激為主導，來自周遭的視覺刺激最
直接影響人的生理及心理，而不同景觀帶來的效果也不同。
一些研究探討自然景觀視覺刺激的心理療癒效果，例如在自
然環境中的視覺感受可緩和受試者的焦慮、恐懼與壓力情
緒，提高注意力與心理健康[13]；或是木質材料在視覺上有助
於提升心理舒適度[14]。而在森林與都會景觀比較研究中發
現，森林景觀對減緩脈搏、降低血壓有較好的效果[6,15]。有
些研究顯示，觀看一般的綠色森林景觀能使血壓和前額葉活
動下降，而櫻花盛放等景觀卻造成脈搏、血壓及前額葉活動
皆上升，顯示人體處於較興奮的狀態。由此可知，不同的自
然景觀會對人體生理反應產生不同的效果[16]。

　　在森林中漫步遇到的景觀不盡相同，蓊鬱森林或是層層
楓紅，抑或是流水潺潺，每一種自然美景都讓人有不同感
受，就像洗三溫暖一樣消除身心的緊張疲勞，調整身體機
能，使心情愉悅，進而增進健康。因此不同景觀可滿足不同

需求，所以當心情煩躁時，可以漫步於森林溪邊或是林間步道，紓緩情緒。

　　台灣山區多為針葉林相，一般民眾在經驗上覺得森林就該長這樣，所以看到松樹、柳杉、扁柏、紅檜、鐵杉、肖楠等針葉林景觀會有走入山中、遠離塵囂的療癒感。不過某次森林療癒體驗活動中，有位外國朋友告訴我，她在闊葉樹林中感到療癒效果最好，因為她生長的環境寒冷潮溼且多為針

楓紅讓人覺得振奮。

遠山白雲讓人心情沉靜。

葉樹林，看到一些闊葉森林讓她感覺溫暖，有遠離日常生活的度假感受。

這個例子說明了森林景觀的療癒效果與經驗、記憶的連結有關，為了滿足更多不同的需求，在規劃療癒森林時可以多種植不同的樹種，讓針闊葉林混合[9]，增加景致多樣性，容納度也更高。此外，針闊葉混合林的環境也能為森林帶來四季不同的風貌。

## 森林觸感與聲音

人體皮膚遍布神經細胞接受外界的溫度、溼度、壓力、震動等刺激，因此皮膚有觸覺、痛覺與溫冷覺等三種基本感覺。人類藉由皮膚感受外界的刺激，引起相對應的神經反應，維持身體機能。研究驗證了相較於人工材質，接觸木材較不會引起生理與心理壓力[17]。日本的學者做了許多接觸木材對於生理及心理反應的研究，相較於其他人工材質，觸摸柳杉與扁柏時心跳與血壓變化較小，表示這兩種木質材料對人體產生的壓力比較小[18]。更進一步的研究發現，接觸白橡木與日本扁柏，可降低前額葉皮質的氧合血紅蛋白濃度（代表前額葉皮層活動減少），與副交感神經活動上升，顯示觸

摸木材可使身體放鬆、減少壓力；且未經處理的天然木材比有塗料的木材效果更好，受試者也指出，接觸木材時有舒服、自然、放鬆、溫暖等正面感受[19,20]。

　　我們也研究台灣本土樹種對人體的生理及心理放鬆效益，探討手掌及腳掌接觸台灣原生樹種，如台灣杉、相思木的生理及心理反應。研究結果發現，接觸台灣杉與相思木能提升副交感神經功能，以腳掌接觸相思木則可以降低舒張壓，讓人有放鬆的感覺[21]。根據這些試驗結果，我們可以知道相較於觸摸人工材質，觸摸木質材料時，在生理上比較沒有壓力，心情也比較愉悅。有趣的是，即使有些受試者主觀覺得木質材料粗糙不舒服，然而生理上也不太會產生壓力反應。森林中的樹木枝幹、樹葉等物體可以給人觸覺上的刺激，透過以手腳直接碰觸樹葉或樹幹，可以感受到自然的魅力，擁抱大樹則能夠使人的心靈獲得慰藉。因此在森林療癒活動中會引導學員接觸樹幹、落葉或草地來達到療癒的效果。

　　聲音來自震動導致壓力的變化，透過空氣、水或其他介質傳到耳朵裡與記憶以及過往經驗連結。人類利用聲音來判斷周圍環境訊息，聲音無所不在，傳入耳朵的聲音需要經過大腦的解讀才能被我們認知。聲音可用來溝通，也可令人心

森林中的流水聲使人平靜。

情愉悅或煩躁。噪音是一種生活壓力的來源，50分貝以上的噪音就會對健康有不良影響，都市噪音會危害生理及心理健康與提高致病率，像是煩惱感上升、睡眠品質下降、心跳加快、血壓升高、引起心血管疾病或糖尿病等相關疾病；噪音也會影響內分泌系統和自律神經系統，可能導致冠狀動脈心臟病或心肌梗塞等疾病的風險增加[22-25]。

在森林中，閉上眼睛可以聽到四面八方蟲鳴、鳥叫、蛙啼、溪水潺潺，與風吹林間的樂章流瀉。一般來說，人們偏好自然的聲音，鳥聲與水聲則是最被喜愛的聲音種類[26]。流水聲能帶來舒適、平靜，有助於降低血壓；蟲鳥的鳴叫聲則帶來活力，可以減輕壓力。聲音的組成不同，帶給體驗者的感受就不同，聲音種類的豐富度會提升聽者的正向感受，所以生物種類豐富的森林可帶來更好的療癒效果。

## 森林空氣的療癒效果

空氣品質直接影響身體健康，過度的空氣汙染會危害健康，甚至造成死亡。例如一氧化碳會阻礙紅血球與氧氣結合，使人缺氧；過度吸入空氣中的有害物質可能會引發頭痛、失眠、疲勞、記憶衰退、雙眼發紅、判斷力失常等健康

問題。實證研究也發現，都市空氣汙染為引起血壓上升症狀的主因之一，空氣汙染中的懸浮微粒與高血壓症狀也有關聯[27,28]。除了生理方面的影響，空氣品質也會影響人的心理健康，空氣品質太差會導致人際互動的意願降低、增加彼此敵意、產生暴力行為，而且有煩躁不安的情緒反應，感覺自身壓力增加。

　　森林中樹木的葉子可有效阻擋塵埃，吸附空氣汙染物質，達到淨化空氣的效果。樹木也透過光合作用，吸入大氣中的二氧化碳，釋放出氧氣，使人呼吸順暢。森林中也有較多的負離子，可改善空氣品質，負離子普遍存在於大自然中，產生的方式包括：植物的光合作用、閃電分解空氣中的臭氧、陽光中的紫外線分解空氣離子，以及降雨、瀑布傾瀉、湍急河水引發水分子相互摩擦碰撞。負離子很容易與空氣中的灰塵、氣膠、細小汙染物或是一些細菌結合，使這些懸浮粒子沉降，達到淨化空氣的效果。研究指出空氣中的負離子有助於紓緩焦躁不安的情緒，亦可提升工作效率[29]。

　　瀑布從高處傾洩而下，流動的水分子與空氣摩擦產生電位差，於是產生大量負離子，因此瀑布、森林與海灘附近都有高濃度的負離子，於是森林環境成為具有較高負離子含量的療癒性場域。在台灣，位於烏來的內洞森林遊樂區有瀑布

與溪流環繞，是研究調查認可負離子含量最豐富的森林地區。

　　森林中枝葉繁茂的樹木與環境中的負離子可以過濾塵埃，沉降汙染物淨化空氣之外，植物也會釋放芬多精來對抗細菌、真菌與昆蟲，以避免受到它們的危害，芬多精的殺菌效果也有助於提升空氣品質，提供舒適的環境。芬多精是植物所釋放的抗菌、揮發性有機化合物，最早是由蘇聯生化學家鮑里斯・托金（Boris P. Tokin）博士所提出，他注意到有些植物會釋放出化學物質，以免本身腐敗或被昆蟲攻擊，功能類似人體免疫系統。芬多精的英文為Phytoncide，可拆解成Phyto（代表植物）與cide（代表消滅），直接翻譯便成了「植物殺菌素」，在植物防禦病蟲害上扮演重要角色。

　　森林空氣中可檢測出上百種芬多精化合物。相較於闊葉植物，針葉植物的芬多精含量較多且濃度較高。森林芬多精的成份複雜，含量多變，因植物組成、季節、環境溫度高低等因素而有所差異。國人常造訪的溪頭自然教育中心，種植最多的樹種是柳杉，當地柳杉葉子釋放主要的芬多精成份為$\alpha$-松烯（$\alpha$-Pinene）、$\beta$-月桂烯（$\beta$-Myrcene）與d-檸檬烯（d-Limonene）等。以其中另一種成份檜烯（Sabinene）進一步分析，每日釋出速率呈現規律性變化，從早上6點開始慢

慢加快，中午達到最高峰，之後逐漸下降到晚上6點達最低點；一年當中則以夏季釋出量最高，其次為秋季、春季，冬季最低[30-32]。

　　值得一提的是，芬多精與所謂的精油不盡相同。芬多精是活體植物所釋放出來的揮發物質，而精油則是從花、葉、種子、枝條、樹皮與木材等植物體中萃取出來的液體。同一種植物所釋放出來的芬多精，與萃取出精油的主要成份可能不盡相同；例如冷杉葉子釋放的芬多精，與冷杉葉子精油的主要成份就不一樣[33]。因此在研究上通常是以單一芬多精成份或是特定植物精油進行實驗，討論其對於人體生理及心理的影響。

　　日本學者曾進行杉木的精油成份雪松醇（Cedrol）對自律神經影響的實驗，結果發現吸入雪松醇可促進副交感神經功能，抑制交感神經活動，因此雪松醇證實具有鎮靜作用，能鎮定情緒並改善睡眠品質[34]。許多研究結果支持芬多精和精油都可促進人體健康，例如台灣扁柏的精油有降血壓的功能；嗅聞日本扁柏葉部萃取精油90秒可以活化副交感神經、降低右腦前額葉皮質活性，使人放鬆[35]；雪松木片香味能夠降血壓、降低前額葉皮質活動，有減輕壓力的功效[34]；$\alpha$-松烯、檸檬烯這兩種常見的芬多精成份可以降血壓[36]；嗅

聞d-檸檬烯有降低心律、活化副交感神經的功效[37]。

更有實驗發現，住在有檜木精油味道的房間3個晚上，體內的自然殺手細胞、穿孔素及顆粒酶的活性顯著增加，代表免疫力提升[38]；台灣本土樹種肖楠與台灣杉精油能讓心跳下降與紓緩負面情緒[39]。綜合這些實驗結果可以發現，芬多精或精油對於人體的心血管系統、內分泌系統、神經系統及免疫系統有正面效益，整體而言不只有紓壓放鬆功效，還可以活化免疫能力，幫助人們達到更為健康的生理及心理狀態。

不過值得注意的是，並非氣味越濃效果越好，有時候濃度太高反而會造成不舒服或是過敏反應。這概念就像是淡淡的香水味或許好聞，太濃的香水味反而讓人覺得刺鼻，避之唯恐不及。日本教授曾在會議中提到，進行木造房屋舒適度的研究時，剛開始使用全木製的建築，刺鼻的木材氣味會讓人不敢進門，之後慢慢設計適當比例的人工建材結合木製建材，調整木材氣味濃度的比例後，就能達到舒適的效果。森林能夠淨化空氣、降低汙染，芬多精有助於生理及心理健康，久居都市的人們行走於林間，吸一口清新空氣，沐浴於芬多精當中，最能讓人與自然連結，覺得自己煥然一新，且充滿能量。

## 森林味覺

　　由於森林中味覺相關的產品相當多樣,所以在研究上並不容易,大多是以營養成份為主的分析研究,不過味覺體驗在森林療癒中是相當吸引人的活動,廣泛受到學員的喜愛。森林中有許多農林產品天然純淨又具有豐富的營養價值,溪頭森林療癒活動中常安排「森林廚房」的課程,搭配營養師的指示,提供民眾健康飲食的資訊,以當季新鮮食材,像是山蘇、山芹菜、番薯、孟宗竹與茶葉等,作為味覺體驗的元

1.森林茶席體驗。　2.溪頭森林廚房活動。（臺大實驗林提供）

素，讓大家吃當季、享在地，碳足跡最少、對地球最好。

　　另一個例子是鹿谷的鳳凰茶園也曾辦過「森林茶席」的活動，邀請在地茶藝師指導學員揉茶與焙茶，品嚐各種不同發酵程度的茶湯外，並講授茶葉有益健康的營養知識，讓學員沐浴在林間，感受一場美味與美景的洗禮，體驗知性與感性的森林療癒活動。

　　在國外也有類似的活動，我們曾在波士頓自然教育中心體驗楓糖漿的製作方法，也品嚐各種不同楓糖漿味道。製作方法相當簡單，先抽出楓糖液（楓樹汁液）再加熱把水蒸發掉即可。其中的學問在於楓糖漿需採收樹齡25年以上的楓樹汁液，不同楓樹種類萃取出來的楓糖漿風味都不一樣，晝夜溫差最好在0℃-5℃之間。

　　在波士頓地區一年大概只能採收冬、春交接的3個月，因為這段時間樹木會把養分往上送到枝葉。傳統的製作方法是把特製水龍頭打在樹幹上，下接水桶慢慢接楓糖液；水龍頭要插在受太陽照射比較多的南面樹幹上，才能收集到比較多的樹液。大概5-6小時可以收集3加侖，大量生產時可以直接將水龍頭插在樹上接水管送到加熱室加工處理。楓糖液中約有4%的糖份，蒸發除去水份後會變成楓糖漿，大約40加侖的楓糖液可產生1加侖的楓糖漿。

安裝楓糖樹水龍頭。

楓糖漿價格不菲，所以一般咖啡店裡點鬆餅送的楓糖漿大多是用玉米糖漿仿造。玉米糖漿感覺比較膩，楓糖漿聞起來有點植物清香再加上甜潤感。楓糖液跟楓糖漿一樣營養成份很高，也有人把它當作礦泉水販賣。

　　康乃爾大學的楓樹研究中心（Maple Research Center）就在研究和推廣楓糖液、楓糖漿、楓樹酒等楓樹產品，體驗製

大人、小孩在等待品嚐楓糖漿。

作楓樹漿算是用寓教於樂的方式瞭解森林物產的療癒活動。

## 森林管理有助於療癒環境建構

　　森林療癒健康效益主要取決於4個要素：森林環境、療癒活動、參與者身心狀態，以及療癒活動與目標的一致性[40]。其中森林環境包含了林木樹種、樹齡、樹高、直徑、樹冠幅、林分密度、林上植生、保育狀況、地形、氣候以及季節性等。為了有效達到森林療癒的效益，森林環境是一項非常重要的影響因子。反過來說，雜亂無章的森林除了視覺上不美觀，也會使心理缺乏安全感，造成焦慮，反而適得其反[41]。

　　這個發現開啟了以健康價值為導向來經營森林的新想像。傳統的林業經營主要以經濟利益為目的，健康促進概念的引進對於森林經營管理是一種突破，同時可以增加林業經營的附加價值。世界各地也有不同的研究提出科學驗證，從森林景觀偏好角度來看，研究調查了疏伐管理與森林美學對使用者偏好的影響，結果指出遊客喜歡有管理的森林 [42,43]。

　　日本富士演習林一份研究報告指出，未疏伐的鬱閉森林與疏伐後的開闊森林，兩者都具有心理健康效益，然而經過

梳理的森林效果更佳。受試者表示,疏伐後的森林讓人感覺更為舒適、美麗、清爽、開闊、整齊與安心[44]。齋藤教授團隊研究則指出,有經過疏伐管理的森林更具有使人恢復疲勞及提高活力的功能,且心跳及唾液皮質醇(壓力賀爾蒙)濃度較無管理的森林低,顯示有管理的森林較讓人放鬆且壓力較小[45]。

以上的研究驗證了森林管理後,林木密度下降、林下光線增加、溼度降低,以及環境通風,可以提高森林對人體的健康效益。雜亂的森林無法為社會大眾提供健康效益,具有適當管理並符合美感舒適的森林較過於雜亂的森林能夠提供優質的心理效益[46]。

疏伐管理對於健康有助益外,在林相景觀與健康效益的關聯上也有更進一步的研究。瑞典在一份大規模森林環境對人體健康效益調查研究指出,樹齡、森林密度與樹高會影響森林對人體生理及心理的恢復效果[47]。不同密度的針葉林及闊葉林對人體生理及心理健康亦有不同效果,密度較低的針葉林相可使心跳速率下降,觀賞者也有

經過修整的森林讓人感覺容易親近，也有較佳的心理健康促進效果。

療癒森林密度實驗圖。（陳奐存提供）

較高的空間感及親近感，使人腦部放鬆，降低緊張、焦慮及疲勞等負面情緒；中等密度的闊葉林則有助於情緒的穩定與增加受試者活力[48]。

除了世界各國對於療癒森林的實證研究，台灣的學者也想瞭解什麼樣的森林密度對於民眾生理及心理恢復較有效益，以提供療癒森林經營規劃參考。所以我們在臺大實驗林溪頭營林區中，選擇樹齡皆為70年的柳杉林，以高密度、中密度、低密度三種不同密度的林相條件作為試驗地點。研究發現中密度柳杉林最能降低心跳次數，受試者的偏好程度也比較高；而高密度的柳杉林在情緒上則有最佳的改善效果[49]。

森林管理除了對環境因子造成改變，也影響心理的恢復效益以及視覺感官。這類研究有助於臺大實驗林管理處以健康價值的角度規劃林地管理方式，作為溪頭森林療癒環境科學證據，有助於溪頭森林療癒推廣與課程的發展。

Chapter

**5**

世界的
森林療癒

現代人與自然漸行漸遠，都市化、科技化的生活方式帶來文明病，接觸自然、與自然重新連結，是促進健康最簡單又沒有副作用的方法。前面花了很多篇幅介紹接觸大自然對健康的益處，也讓大家理解療癒森林的環境特徵，這些研究如果沒有加以應用，就只能放在書架上慢慢被人遺忘。

在瞭解接觸自然健康效益與療癒環境的特質後，各國有不同的應用方式，德國發展出森林地形氣候療法與克奈普療法；日本則發展出一套森林療癒基地規範，以及促進山村經濟發展的健康旅遊產業。如今越來越多國家發展類似的方式，雖然名稱不一定相同，但「透過接觸自然來促進健康」的理念是相通的，本章帶領大家一起神遊各地的森林療癒。

## 日本森林療癒

「森林浴」一詞源於日本的90年代，並獲得社會的普遍認同。其後日本產學研界投入很多資源進行森林療癒研究，日本林野廳、厚生勞動省、森林總合研究所及大學醫學研究中心於2004年聯合成立「日本森林療癒研究會」，以結合基礎醫學實證推廣森林療癒。在森林療癒的推動上，日本是相當先進的國家，開發了一系列的課程訓練「森林健康指導

士」，也規劃出「森林療癒基地」認證制度。

　　森林健康指導士是「為了實踐森林健康效果而從事指導的人」，需要具備森林相關科學知識，對於生理與心理學上的森林療癒效果也要有基本瞭解，必須學習多種不同學科，如森林醫學、森林科學、心理健康指導與戶外安全等，每個項目都不可或缺。另外因為需要帶領課程活動，所以「溝通能力」課程也包含其中，這些訓練造就了森林療癒專業的活動人才。

　　有了森林療癒的專業人才，硬體環境則是透過科學驗證，以及實地考察各地的自然與社會條件，加以規劃及認證「森林療癒基地」。隨著森林促進健康的需求增加，目前日本已有65座森林療癒基地。森林場域成為療癒基地之前，必須通過以下三項條件的評估：

1. **森林醫學驗證**：壓力賀爾蒙、唾液澱粉酵素、交感與副交感神經活性、血壓、脈搏與情緒狀態等，以判斷放鬆狀態生理及心理指標評估研究。
2. **森林療癒發展計畫**：以森林療癒為中心，包含飲食、溫泉、歷史、文化等各方面的規劃，以及療癒場域未來構想、持續性、發展性、管理單位，及地方居民接受度等層面的狀況。

**3.完善的療癒設施**：森林環境、住宿設施、醫院等硬體環境的準備狀況。

　　簡單來說，森林療癒基地須通過專家評估當地的自然環境、人工設施（如住宿、休閒療癒設施與相關醫療服務）、交通條件、管理單位及療癒行程；需有至少一條經過認證的森林療癒步道，並提供以保健為目的的森林療癒活動。這種活動可以包含療癒森林五感體驗、健康營養餐點、芳香療法、瑜伽課程、木工手作坊、溫泉、健康諮詢等服務，可整合為森林療癒套裝行程。

　　日本的森林療癒步道必須提供五感刺激，基本條件是步行至少20分鐘的長度，以緩坡為主，四周有美景，並能聽到鳥鳴或水流聲，感受得到芬多精與土壤的香氣，以及腳踏在落葉上的觸感、樹梢間吹拂過的涼風等。更重要的是，步道必須通過療癒效果的森林醫學生理及心理驗證；認證的標準是能讓參與者調節自律神經功能（抑制交感神經活性與提升副交感神經活性）、減緩血壓與脈搏、紓緩負面情緒提升正面感受。最後將這些生理、心理與環境的研究結果標示在步道上，讓參與者瞭解步道對於健康促進的森林醫學實證效果。

奧多摩森林療癒基地。
1.鳥音平台。　2.觀景平台。　3.林間休憩山屋。　4.夜間觀星座椅。

包含以上所有條件才能成為森林療癒認證基地。

日本森林療癒步道設計有很多小巧思，例如沿著等高線規劃步道，保持步道平緩，讓使用者的視線不必為了注意安全而過於著重腳下，而能抬頭欣賞森林景色。另外符合通用設計（Universal Design）規範，讓樂齡族群與身心障礙人士

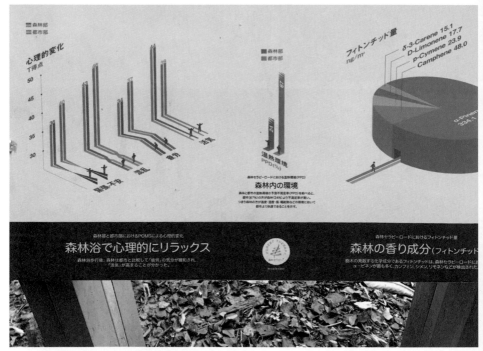

奧多摩森林療癒步道指示牌，顯示生理及心理改善效果、當地森林環境條件，以及森林芬多精成份。

都能安心體驗。

療癒步道的寬度也有規範，在日本奧多摩的森林療癒體驗中，森林療癒指導士問我們：「療癒步道的寬度設計不能太寬，也不能太窄，約為1.2-1.5公尺，你們知道為什麼嗎？」我回答道：「太窄不好走，我可以理解，為何不能太

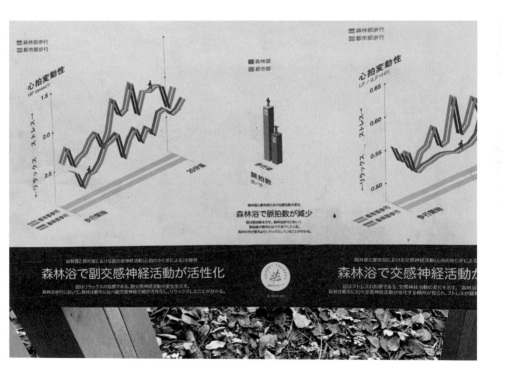

寬呢？」指導士說：「因為步道太寬，就不像森林了。」當下很佩服日本人對於細膩心理感受的拿捏與匠人性格。

　　除此之外，他們會盡量保持療癒步道鋪面的自然設計，讓步道上有落葉與土壤，但又為了避免道路凹凸不平影響步行，有些路面會鋪設當地木材碎屑。檜原村的森林療癒步道即鋪製當地的檜木屑，踏上後的觸感與香味都有加分效果。這種設計將步道從只有「通行」的功能，提升到注重使用者療癒體驗的概念。

檜原村檜木屑步道。

除了療癒步道需精心設計之外，森林療癒基地的整體設計也是以森林美學的概念規劃經營，並著重使用者經驗。療癒步道入口設置標示，介紹基地與道路，讓參與者對療癒路線有基本認識，可以提升期待感。亦可標示其他設施訊息，以及道路中具有魅力的資源配置等內容，例如特殊景點的位置、眺望風景制高點，以及溪流場域等，可以讓使用者感到

奧多摩療癒基地標示。
1-2.奧多摩森林療癒基地入口圖。　3.香氣步道入口。　4.森林瑜伽木平台。

便利與親切。或者提供步道上常見或特殊的野生動、植物資訊，另外道路的斜度、距離，以及運動量等資訊都是增加便利性的資料。

療癒森林的管理首重安全感。林中植栽過多或太過雜亂會顯得陰森，使較少接觸自然的都市居民感到不安，可能會因安全的疑慮而不敢親近，所以療癒步道旁的森林管理也相

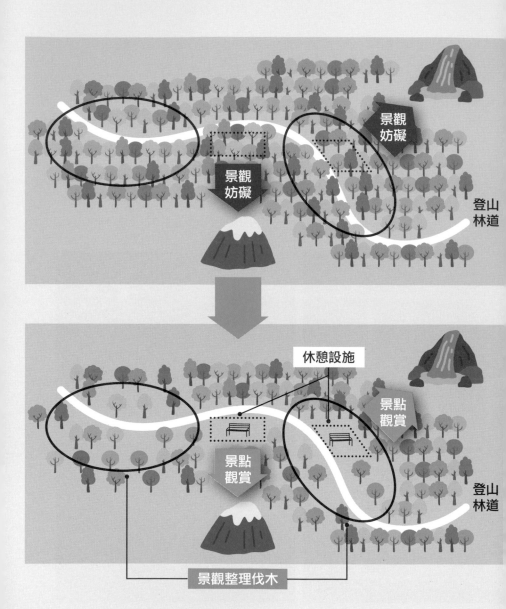

景觀妨礙

景觀妨礙

登山林道

休憩設施

景點觀賞

景點觀賞

登山林道

景觀整理伐木

修整森林環境有利於觀賞特殊美景。

專業管理的療癒森林讓人有安全感。

當重要。療癒森林中樹木的栽植不宜過密,林內空間開放且林木生長排列整齊,視覺效果較好。為了減少都市居民因為視野不佳造成的不安全感,需勤加修整步道附近雜草、刈除藤蔓及伐除低木;森林深處需保持通透感,在人工林可以進行間伐與高木層的修枝,可使穿過樹林的遠景視野保持良好狀態。若森林中有高山或瀑布等特殊景色,也可以修整林間環境使其易於接近或欣賞。

在日本,森林療癒基地結合健康旅遊套裝行程,吸引許

多重視健康養生的遊客參與，也促進地方經濟繁榮。日本山梨縣某個村莊的大部分農家皆種植葡萄，當大家以休閒農場為轉型方向時，「FUFU山梨保健農園」這個森林療癒基地卻以「健康促進」為號召，提供住宿客人森林健行、瑜伽、打禪靜坐或農事體驗等不同活動，並聘請專業人士帶領住客慢生慢活，入住前後檢測遊客自律神經平衡，評估學員健康狀態，並據此提供活動建議。一晚的住宿費用約2萬日幣，主要客群為30-50歲注重健康的女性。該農場2017年的來客數達到3,300人，比前一年增長60%，也獲得當年日本健康旅遊大賞。

　　森林療癒在個人層面是很好的保健活動，在社區層面則可以促進山村發展，因此日本的大型企業也紛紛投入森林療癒事業。位於神奈川縣的Me-byo Valley BIOTOPIA即為日本布魯克斯（Brook's）集團與神奈川縣大井町合作建立的森林療癒基地。布魯克斯集團提供在地有機保健商品，神奈川政府提供政策輔導，大井町社區提供場域與森林療癒專業人力，以Me-byo（未病，意即健康狀況不佳，但還沒到生病的狀態）的人為目標客戶，強調從森林體驗活動與飲食保健來增進健康。

　　日本現在有越來越多觀光地區發展以活化地方資源，並

吸引職業女性或注重員工健康企業的健康旅遊企劃。除了日本森林療癒研究會在各地積極推動森林療癒之外，有些地方也引進國外的認證，例如上山市近年來大力宣傳源自德國的步道健行運動療法，已擁有規劃完整的20條步道。

　　日本目前將「健康旅遊」定位在協助預防疾病與促進健康的「延長『健康』壽命產業」。健康旅遊的主要目的是讓遊客透過旅遊，能更加意識到健康的重要性、相關習慣與知識，並能在遊程結束後繼續投入這些健康習慣。經濟產業省預估健康旅遊在16年內將達到2兆3,800億，25年內則可達到3兆2,000億日幣的市場規模。

　　森林療癒研究於2004年在日本開始流行，主要的研究單位有東京醫科大學森林醫學研究所、千葉大學環境健康研究所、東京農大森林系與森林總合研究所。日本林業學術界跟上此風潮，最頂尖的東京大學也開始進行相關研究，日本全國的大學目前共有75個演習林（實驗林），其中東京大學富士療癒之森研究所是唯一標榜研究森林療癒的演習林單位。2011年東大富士演習林轉型為「富士療癒之森研究所」，經營目標也從傳統林業研究改變為療癒森林環境與增進人類健康福祉，這對日本林業學術界是一大變革。

　　富士療癒之森研究所位於山中湖村，早期的傳統經營方

1.2.東大療癒之森研究所位於富士山腳下，擁有豐沛的森林療癒資源。
3.林間烤披薩也很療癒。

式為育苗、植樹與砍伐，目前則著重於森林療癒推廣與研究。透過盤點當地森林療癒資源，調查在地民眾健康需求，進一步發展與推廣森林療癒活動，並深入探討怎樣的森林環境最適合療癒活動，俾為在地社區提供健康促進的資源。同時舉辦多樣化的療癒活動，邀請鄰近社區居民參與。

有趣的是，研究人員也提供自然影音以促進民眾健康，「網路森林」（Cyberforest）計畫收集當地森林景觀與環境音景資料，讓民眾可在家中透過電腦影音平台進行森林體驗，紓緩生理及心理壓力。

鼓勵民眾接觸大自然促進健康已經成為顯學，現在科技發達，透過網路與新技術（例如虛擬實境）讓大家體驗虛擬自然，也幫助行動不便人士改善身心健康。

從日本的經驗可以知道，森林療癒可以轉化成健康旅遊事業，其中食、衣、住、行、育、樂尤其需要高附加價值的產品與服務。健康旅遊的應用範圍越來越廣泛，除了讓人們在自然豐富的環境中參與特定活動，身心放鬆休息之外，也可以成為人們改變日常生活習慣的契機。促進健康的旅遊方式對高齡族群也相當有吸引力，相信在高齡化社會與追求健康的趨勢下，各地會有更多推展，希望在台灣也能看到更多同樣的案例出現。

# 德國自然療法

　　歐洲人自古以來就有利用自然保健身體的習慣，這可以追溯到羅馬時期民眾使用水療法保養身體。德國人與森林有著深刻的情感連結，森林面積約占全境1/3的德國是最早系統化發展自然保健的國家之一，早在100多年前，德國人就發展出在高地森林中散步的「氣候療法」，以及在不同森林地形操作的「地形療法」，提供了心血管及代謝疾病患者另類的治療方式。

　　十九世紀時，厄特爾（M. J. Oertel, 1835-1897）醫師曾利用丘陵地不同高度的步道健行，治癒了一位體重過重並患有呼吸急促症的患者。地形療法包含運動、經過處方健走體驗不同海拔的坡度，以改善心血管疾病症狀。

　　1840年代，德國巴特・沃里斯霍芬鎮（Bad Wörishofen）建立了第一座自然療養基地，目前共有約350處已認證的自然療養基地。德國神父克奈普（Sebastian Kneipp, 1821-1897）被視為十九世紀歐洲自然療法運動先驅，他所提倡的克奈普療法（Kneipp Kur）是一種整體性（Holistic）保健療癒方式。克奈普神父年輕時曾罹患肺病，在當時算是絕症，不過他應用水療、運動、藥草等方式改善自己的病情，之後也幫

助了相當多類似症狀的患者。這種療法後來持續發展，被稱為克奈普療法。

克奈普療法主要包含5種元素：水療（Hydrotherapy）、植物療法（Phytotherapy）、運動（Physical Exercise）、飲食（Diet），與內在平衡（Inner Balance）。克奈普療法發展多年後也進入德國的醫療系統中，當民眾感到壓力大、心情不好或是身體不舒服時，可以到家庭醫師診所求診，醫師針對症狀輕重的程度，決定進行醫療處置，或是將患者轉診到克奈普療養基地，由在地的醫師開立自然處方箋，例如早上林間散步2小時、森林瑜伽1小時，中午享用植物養生餐，下午進行水療與SPA按摩等。最棒的是，自然療法的費用可以由德國健康醫療保險給付。

德國政府於1953年認可克奈普療法為合法的復健療法，民眾可透過各種健康保險補助療養相關費用。其中德國退休保險便很樂意支付此費用，原因是促進工作者健康可以延長工作年限，繼續工作就會繼續繳保險，這是一個雙贏的策略。

在巴特‧沃里斯霍芬鎮這個克奈普療法的起源地，街道上處處可見克奈普神父的肖像，顯示他對此地發展的影響。小鎮中的住宿設施都是療癒旅館（Kur-haus），還有規劃完善的療癒公園（Kur-park），水療設施、香草花園、讓人體

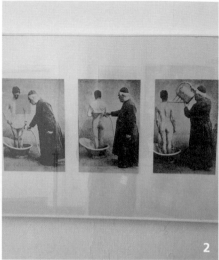

克奈普療法。
1. 克奈普神父。 2. 克奈普神父水療過程。 3. 克奈普療法講義。 4. 當時所用的水療器具。

驗自然的設施,以及大約200公里的健行步道和自行車道。透過明確的指標,民眾可以自由選擇適合的路線。顛峰時期每年有超過百萬以上的遊客,平均停留約1個月進行療癒活動。其後因政策調整,2016年觀光客減少至大約70萬人,平均住宿縮短為5.6天,不過仍然對當地的觀光產業有相當大的助益,更創造了德國健康旅遊產業。

除了克奈普療養地,德國還有許多社區利用當地自然資源發展自然療法。我們曾經參訪過巴特・諾因納阿外勒(Bad Neuenahr)療癒地,市政府妥善地利用當地豐沛的溫泉資源,設置室內水療設施及療癒公園。德國人多半認為飲用溫泉水有益健康,向來有固定的使用愛好者,巴特・諾因納阿外勒研發可飲用的溫泉水,副產品溫泉泥則開發成面膜,賣往全國各地,促進經濟發展。

巴特・諾因納阿外勒療癒地也規劃了高級健檢及治療中心,城市中共有15處私人溫泉醫院,並設立自己的水質及空氣的檢測標準,因而不必額外支付克奈普療癒地的監測費用。此地的醫院擁有4部核磁共振機器,可透過療癒醫生的診斷,打造個人治療計畫。市政府並積極運用在地的自然資源,吸引觀光客及旅館業者的投資,以提振經濟。

這種利用自然元素的療法稱為「庫爾」(Kur),內容包

巴特 · 沃里斯霍芬鎮克奈普療養地。
1.克奈普神父噴泉。　2.療癒飯店。　3.療癒溫室。　4.療癒造景。

含在自然環境中步行、草藥療法、泥巴浴等系列活動，至今仍存在於德國主流健康照護體系中。值得注意的是，這代表了政府對民眾的照護不僅止於疾病治療，並且將健康促進與疾病預防的工作納入醫療體系中。德國民眾在森林療養基地的支出費用，每3年可申請1週的保險給付。這措施有以下益處：

巴特‧諾因納阿外勒療癒地。
1.溫泉水抽取設備，用來製作瓶裝溫泉水，溫泉泥則加工製成美容產品。
2.巴特‧諾因納阿外勒瓶裝溫泉水。　3-4.巴特‧諾因納阿外勒療癒公園。

1. 促進民眾健康：健康狀況不佳卻未嚴重到生病的人可得到充分照護，可以降低實際醫療支出；德國因此政策每年可減少全國醫療費用3成支出。
2. 促進健康知識教育：文明病大多屬於生活型態疾病，接觸大自然、放鬆身心就可以改善。民眾在自然療養的過程中學習到健康知識，帶回日常生活中加以實踐，可保持身心健康。

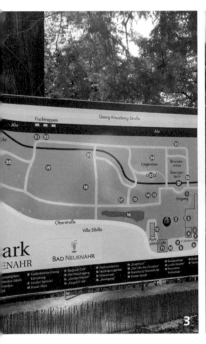

3. **促進健康旅遊產業：** 民眾在自然療養基地進行健康旅遊，過程中食、衣、住、行、育、樂等活動皆可促進相關產業的發展。

雖然台灣健保尚未將健康促進或疾病預防活動納入醫療給付項目，但我們仍然可以加以學習。在個人層面，多親近大自然、多運動、注重食物的種類與營養、改變生活習慣方式。在社會推廣層面，可由地方政府規劃自然療癒基地、推廣自然療癒體驗，增進民眾身心健康、減少不必要的醫療浪費，同時帶動健康觀光產業，促進城鄉發展。

## 韓國山林治癒園

韓國和台灣一樣擁有豐富的森林資源，森林約占全國面積63%，傳統上即有採集草藥、冥想、森林浴等利用森林促進健康的習慣。韓國政府於90年代開始設立自然療養林，之後推動「促進人類健康的森林」（Forest for Health）計畫，希望透過森林場域提升人類健康及福祉。同時整合山林治癒體驗、研究與教育，希望將山林治癒事業產業化。

為了建立促進健康的森林示範點，韓國政府從制定法案開始，2007年通過國立山林治癒園法案，成為總統公約產

業，是促進經濟發展先導計畫之一；2012年完成山林治癒園基本建設與設計；2015年通過《森林福利促進法》，將森林福祉（Forest Welfare）視為國民重要社會福利之一。

韓國政府將推廣的軟硬體活動依照年齡區分為7個階段，分別為：G1出生──胎教林、G2幼兒期──森林幼稚園、G3青少年期──森林教育、G4青年期──森林休閒運動、G5中年期──健康休閒林、G6老年期──森林療癒、G7過世──樹葬林，又稱為「綠色福利7」，並透過森林幼兒園、森林露營區與森林療癒基地各類不同的場域，滿足不同年紀國民親近自然的需求，提升國民的森林福祉。

2016年，韓國成立「韓國森林福祉中心」（Korea Forest Welfare Institute, FoWI），推動森林福祉相關政策及研究、輔導認證自然療養地、培訓相關人才，以打造更完善的體系，為民眾提供多樣化且系統化的森林福祉服務。其中硬體部分細分為森林遊樂區、森林公園、療癒森林、森林幼稚園、森林教育中心及其他相關研究設施；軟體部分則提供更細緻的人員分工，包含森林教育解說員、幼童森林指導員、森林步道指導員，以及森林療癒指導員。

森林福祉中心經費主要由韓國樂透盈餘所支付，其下各山林治癒園與相關機構雖然仍無法自給自足，但仍給予低收

韓國榮州山林治癒園。
1.治癒園入口。　2.森林間的韓屋。　3.山林治癒園秋日林間一景。　4.山林治癒健康效果研究標示牌。

入家庭及身心障礙族群每年10萬韓元的補助，提供他們接觸、利用森林保健最基本的資源。

　　韓國國家山林治癒園位於榮州市近郊，為韓國森林療癒主要示範點，中心內設置療癒研究中心，有醫療設備提供森林療癒效益實證研究使用，規劃有完善的住宿、餐飲，並提供多樣化的療癒活動，包含森林五感療法、健康徒步療法、北歐式健走等戶外活動，以及保健藥草茶包、植物香氛蠟燭、香氛精油等各式芳香療法的製作課程。

　　療癒中心設有水療區，可以治療關節、強化腰部、恢復疲勞、紓緩緊張，以及活化五感、刺激足部的各式療癒庭園；室內有完整的健身和放鬆器材，如飛輪、跑步機、按摩水床、紅外線氣血循環機、音樂放鬆躺椅。課程則有針對不同族群的套裝行程，如青少年身心健康戶外課程，或是針對孕婦所提供的森林胎教課程。

　　我們曾經拜訪榮州山林治癒園，2天1夜的體驗行程，包含食宿以及療癒活動，約莫每人3千元台幣。住宿療癒中心的小木屋，第一天下午是森林瑜伽的行程，大家各自攜帶瑜伽墊跟隨引導員在森林中簡單伸展暖身，然後由療癒師帶領在森林步道體驗山林之美，步道很平緩，即便是輪椅也能輕鬆通行，途中在鏤空平台停下，發給每人一瓶精油，引導

大家按摩手腳，躺下放鬆身心，涼爽的山風從腳下吹來，頓時身心舒暢。療癒步道的體驗時間大約2小時，入秋氣候微涼時則轉往室內，坐在躺椅上欣賞風景、聆聽音樂，或是享受水床按摩。晚間則享用營養師精心調理的韓式自助餐。

　　韓國雖然較晚引進森林療癒，發展得卻很迅速，主要原因是韓國政府傾力建置完整的森林福祉服務體系，並針對不同年齡層及不同需求族群提供「全年齡療養模式」，讓每位民眾都有接觸的機會。韓國政府對於民眾健康以及森林療癒產業的重視，很值得我們學習。

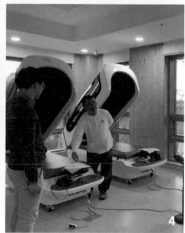

榮州山林治癒園體驗。
1.林間瑜伽活動。　2.身心障礙人士也能輕鬆通行的林間無障礙步道。　3.經過美學設計的療癒森林景觀。　4.水療按摩床。

# 森林療癒

## 在台灣

## 台灣森林療癒的發展

台灣森林療癒的發展可以追溯到1983年，林文鎮博士引進日本「森林浴」的觀念，並撰寫《森林浴的世界》、《森林美學》與《森林保健論》等書，大力推廣森林保健。1989年，呂錦明博士翻譯日本學者岩崎輝雄所著《森林的健康學》一書，開始將此觀念在國內扎根。

2010至2012年，林務局羅東林管處委託馬偕醫學院與中興大學森林系林一真、申永順、廖天賜三位教授，進行「森林治療評估準則之建立與示範推動工作之研析與規劃」計畫，以太平山森林遊樂區為研究地點，針對健康指標、環境規劃、方案設計及評估效益進行研究，是國內森林療癒研究的濫觴。

2013年，臺大森林系袁孝維、蔡明哲兩位教授與余家斌副教授開始台灣森林療癒活動的推廣與研究。2016年，「台灣森林保健學會」成立，在林務局指導下，系統性地在各地推動相關活動，森林療癒成為台灣林業發展重要的新方向。

2017年，森林保健學會開始協助執行「林務局森林療癒之發展策略暨行動計畫」，規劃林務局的森林療癒推展方針與策略，並召開專家會議擬定國家森林遊樂區療癒場域選址

原則。參考德國及日本森林療養地及療癒步道的指標後，決定5項評估指標：1.五感良好的自然環境，2.環境設施的整備狀況，3.區位條件，4.管理現況，5.森林療癒活動。最後在18處國家森林遊樂區選中8處作為重點發展區域：太平山、東眼山、八仙山、奧萬大、阿里山、雙流、知本、富源。

2018年，森林保健學會協助推動「林務局國家森林遊樂區森林療癒健康促進推廣計畫」，將森林療癒活動導入各森林遊樂區，並且辦理「森林療癒師」認證制度。不論是一般民眾或身心障礙人士皆可在森林遊樂區體驗森林療癒活動，例如，八仙山森林療癒活動即曾推廣至視障團體，帶領視障朋友走入山林體驗自然。

臺灣大學實驗林為中部發展森林療癒的重要場域，其中「溪頭自然教育園區」尤具代表性。溪頭海拔1,100-1,700公尺，年平均溫度約18℃，涼爽宜人，是名副其實的避暑勝地，每年遊客約200萬人。園區內擁有豐富的自然資源，包括柳杉、台灣杉、紅檜、銀杏、扁柏等珍貴樹種，加上完善的步道系統，讓此地成為國內森林療癒體驗的絕佳場所。

近年來在蔡明哲處長的帶領下，臺大實驗林將森林療癒列為經營主軸，積極發展相關課程及療癒步道規劃，目前有每月一次常態性辦理的「森林療癒講堂」，以登山健行、疾

病預防與森林環境體驗等內容為主；並提供遊客預約客製化的森林療癒體驗活動，例如森林五感體驗、森林瑜伽，以及傳遞健康飲食知識的森林廚房，教導民眾利用當季在地食材，減少碳足跡，兼顧環保與美食；森林手作坊則透過左手香膏、檜木筷製作等小活動，體驗植物的療癒力量。

台灣森林保健學會森林療癒活動。
1.阿里山森林療癒暖身活動。　2.太平山見晴古道親生態體驗。　3.知本森林療癒體驗活動。　4.視障朋友於八仙山體驗森林療癒活動。

**4**

臺大實驗林森林療癒環境與活動。
1.溪頭森林一景。　2.森林瑜伽體驗活動。　3.森林間的修枝活動,讓大家學習如何維護樹木健康,與自然共存。　4.療癒健行步道。

此外，實驗林還建立了森林療癒示範步道與自導式地圖，目前已規劃兩條不同長度及坡度的步道，並發行森林療癒五感體驗手冊，提供遊客自導式體驗森林療癒，以滿足預約不到實驗林療癒課程遊客的需求。

　　臺大實驗林不僅將森林療癒當作林業經營的目標之一，更希望建立林業經營的新典範，結合良好的森林環境、醫療院所、飯店與農林產品業者，將溪頭建設為森林療癒重鎮。

　　近年來，臺大實驗林也將這種經營模式推展到鄰近社區，輔導雲林草嶺地區發展健康旅遊。從透過草嶺地區森林療癒資源的環境調查開始，並進一步於雲嶺之丘、杉林步道、木馬古道等當地特色景點，以科學儀器量測森林環境對遊客身心健康的促進效果，結合在地政府與社區規劃發展當地健康旅遊產業。

　　台灣森林療癒研究也蓬勃發展，國內學者相繼投入森林與人類健康關係的研究，例如前述林一真等教授（2010-2012）接受林務局委託，進行為期3年的「森林治療評估準則之建立與示範推動工作之研析與規劃」計畫，以羅東林管處轄區內鳩之澤自然步道與太平山原始森林步道為試驗場域，分析森林體驗帶來的健康促進效果，研究結果顯示接觸森林具有生理及心理放鬆的功能。

臺大實驗林與雲林縣府合作推動草嶺石壁地區森林療癒健康旅遊產業。
（臺大實驗林提供）

　　2014年，臺大溪頭實驗林的森林醫學研究團隊，在臺大醫院蘇大成醫師指導下，針對森林環境對人體身心健康的影響進行研究，以森林工作職員及生活在台北都會區的員工為研究對象進行比較，評估其心血管和內分泌與代謝參數在不同環境的影響。結果顯示居住在森林環境職員的總膽固醇、低密度脂蛋白膽固醇、空腹血糖值及葡萄糖耐量試驗不足比例，皆較台北都會區職員為低；從內頸動脈的內中皮層厚度量測結果顯示森林環境職員比較薄。此研究結果提供了森林環境對心血管疾病和健康相關生活品質潛在有益作用的證據[1]。

而在溪頭的空氣品質調查研究顯示，森林環境中的空氣汙染物（NO、$NO_2$、$SO_2$、CO、$PM_{2.5}$及$PM_{10}$）濃度明顯較都會區為低。免疫系統的研究則發現，森林環境工作職員的自然殺手細胞數量，比住在台北市工作職員的檢測結果多；平常居住於台北市者，上山到森林環境居住4天後，其活化的自然殺手細胞增加，而且在下山回到台北市後再經過3天，活化的自然殺手細胞仍然比上山前高。

　　這一系列研究提供了森林環境對心血管早期動脈硬化、身體免疫系統和健康相關生活品質，皆有正面健康效應的證據，顯示森林環境確實對人體健康有助益。

　　此外，在一份溪頭自然教育園區森林療癒步道活動對中高齡者身心健康效益研究，發現1.5小時短時間的森林療癒體驗，在生理方面可以有效降低心跳、血壓以及唾液澱粉酶活性，而在心理方面可以有效降低緊張、生氣、疲倦、沮喪、混亂、焦慮等負面情緒，並提升精神活力的正向情緒[2]。

　　森林環境研究發現，民眾對於溪頭中密度柳杉林環境有最好的感受，也能顯著降低心跳次數；高密度柳杉林環境則對於情緒改善有最佳的效果[3]；臺大實驗林的肖楠與台灣杉精油能讓心跳下降，也有助於情緒改善[4]。

　　在奧萬大森林遊樂區研究也發現森林療癒體驗促進心理

健康的效果，中年婦女在參與奧萬大2天1夜森林療癒活動後，負向情緒顯著下降，正向情緒顯著上升，再次說明森林療癒活動對於身心的效益[5]。在南投大鞍竹林的研究發現，2天1夜的森林療癒活動有助於紓緩負面情緒並提升活力與創造力[6]。

在研究方面，近年來台灣學者逐步累積各大森林遊樂區與山村的實驗數據，並探討森林環境對身心壓力、認知功能以及生理及心理狀態的影響，期盼能建立更完整的資料，成為未來台灣發展森林療癒的依據。在林務局、台灣森林保健學會與臺大實驗林的努力下，台灣森林療癒已經開始有系統的經營策略規劃。

台灣的民間團體也積極推動森林療癒。南投縣竹山鎮大鞍社區邀請林一真教授與日本森林療法學者上原巖老師，講授日本森林療法的操作方式與案例分享，使森林療癒走出學術界，讓一般民眾也有機會深入暸解及實踐。

另外，也有企業機構熱心推動森林療癒，位於宜蘭礁溪的永康山森林療癒基地即由善心企業家林義明設計師規劃設計出資，作為臺大師生森林療癒課程與研究，以及森林保健學會森林療癒師認證課程推廣使用。

相較於其他國家，台灣森林療癒尚屬於起步階段，但

產、官、學、民都紛紛投入推廣。我們擁有豐富的森林資源，以及熱愛自然的民眾，只要具備正確知識，建立專業森林療癒師制度，台灣也有機會成為亞洲森林療癒的示範國家。

　　目前民眾除了可以在林務局轄下阿里山、奧萬大、太平山、八仙山等多個國家森林遊樂區體驗森林療癒活動；溪頭福華渡假飯店、森林邦亦與臺大產學合作，利用當地生態資源推動森林療癒健康旅遊；各地也有私有林正在進行森林療癒健康旅遊規劃，可以預期未來有更多單位投入森林療癒推廣。

礁溪永康山森林療癒基地。
1.永康山林間步道。2.從永康山上可以眺望遠處龜山島。3.桐花步道美景。
4.永康山主人林義明設計師（中）。

1.溪頭福華森林療癒飯店。 2.森林邦森林療癒活動（森林邦提供）。

## 森林療癒如何做才有效？

森林療癒要如何做才會有效？經過多年研究和思考，我歸納出森林療癒有效實行的3個條件。

### 1. 良好的環境

森林環境隔離了大部分的都市汙染，緩和空汙、噪音等影響健康的負面環境因子，並且提供舒適的環境條件，適當的溫、溼度以及開闊、優美的活動空間，形成有益健康的組

合。良好的森林環境是有效森林療癒的重要因素。

## 2. 抽離

有人問我：「既然森林具有療癒效果，為什麼山上還是有生病的人？」如果單純只要環境好，人就健康，那麼鄉下就不會有病人了。影響健康的原因很多，良好的環境可以改善健康狀態，但不是全部。保持健康的方式很多，偶爾從日常生活中抽離，將煩惱一掃而空，心理健康了，身體就健康，這是正向的循環。

對於都市人來說，森林提供一個隱私的空間，讓大家釋放情緒、減少他人干擾、擺脫日常角色，使壓力得到釋放。我們前往德國參訪時，德國教授也曾提到，安排患者住到較遠的克奈普療養地，讓他們抽離日常環境，會產生放鬆度假、轉換情緒的效果。

然而在山上生活或工作的人，山區是日常活動所在地，心情無法抽離，所以不一定感到輕鬆。有一次我帶領林務局員工進行森林療癒活動，有位學員在五感體驗時對我說：「沒錯，這裡很漂亮，可是我看過去都在擔心對面是不是有山老鼠在盜伐，精神沒辦法放鬆啦。」這就是一個很有趣的反例，或許此時安排他到百貨公司購物，才會有愉悅的心情。

## 3.沉浸

「沉浸」是指學員必須能夠融入自然之中，聽起來很簡單，但不是所有人都辦得到。有些人上山無聊就開始滑手機，或是打開收音機邊走邊聽，所有自然體驗都不見了，還會干擾別人體驗自然。這樣人在心不在，自然體驗的療癒效果就會打折扣。

此時森林療癒師就發揮功能了。帶領活動時，我會利用一些小遊戲幫助大家打開感官，更沉浸於自然中。例如「聲音地圖」，發給每位學員紙和筆，請他們隨意在林間找地方坐下，閉上眼睛仔細聆聽森林中的聲音，然後想像自己在紙的中心，依據方位遠近，在紙上畫出各種聲音。如果在右前方聽到水聲，就在畫紙的右上方畫上水的符號；在後方聽到樹葉摩挲的聲音，就在紙的下方畫上樹葉。隨著時間流逝，心情越來越平靜，聽到的聲音越來越多，最後畫紙上滿滿都是森林聲音的圖像。

另外還有「尋找森林裡的彩虹」活動，請學員尋找森林裡紅、橙、黃、綠、藍、靛、紫各種顏色，在專心尋找的過程中，細細品味森林多樣的色彩。有時則出個難題，要求學員找出森林中的金色，剛開始大家都找不到，後來發現金色的蝴蝶蛹，很令人驚豔。通常學員會發現，即便只是綠色，

也有許多不同層次，變化相當豐富。我會請學員將各樣的顏色拍照下來，再和大家分享心情，讓他們將這樣的心情帶回山下，不順遂的時候，可以回想一下，重振精神。例如看到翠綠色葉子時那種沉靜平和的心情，日後感到煩悶時，翻出手機相簿，看看樹葉相片，讓沉靜平和的情緒重新回到心中，對於恢復心情就能有所幫助。

森林療癒小活動。
1.學員們在林中畫聲音地圖。 2.森林中的金色。

## 森林裡的健身教練──森林療癒師

　　每個人都可以在森林中享受自然，森林療癒師能發揮怎樣的功能？我在研究森林療癒體驗對生、心理健康改善效益時，有位受試者反應：「講師很專業，口才也很好，可是他的解說有時候會打斷我跟森林的連結感。」這也是很多人都可能產生的疑惑：「森林療癒體驗時，到底是獨行還是跟隨療癒師的效果比較好？」

　　於是我們在溪頭做了一項實驗，將受試者分成3組：獨行組、自導組與療癒講師組，分析後的結果是3種方式對於生理及心理健康都有幫助。獨行組在副交感神經活性的提升優於其他兩組，療癒講師組的情緒改善則優於其他兩組。森林療癒講師帶領體驗活動，有助於恢復效益，然而過分專注於指導或解說時，會削弱體驗自然的恢復感受，類似於專心上課使人疲勞，療癒的效果會打折扣。

　　這項研究發現，在大自然中踽踽獨行，對於副交感神經活性的提升效果最佳[7]。因此建議大家如果不熟悉當地自然環境，或需要有人協助你離開3C產品，抑或是想要改善心情，請參加森林療癒師帶領的體驗團；如果能夠獨自沉浸在大自然中，就可以好好自己享受，這樣對於生理健康的效益

最好。

　　不過沒有豐富戶外活動經驗的人，若想獨自體驗森林，最好遵守以下建議：

1. **選擇安全且難度較低的場域**：郊山或森林遊樂區場域皆經過完整規劃，甚至有駐紮安全救護人員，較適合一般民眾。

2. **要有風險意識**：當天候不佳或身體狀態不好的時候，要斟酌是否能夠負荷。

3. **要有自然環境的安全常識**：例如虎頭蜂攻擊性的季節、具危險性的植物，以及遇到危險時的處理方式。

　　如果不具備基本常識，最好還是參加森林療癒團體活動，跟隨療癒師引導和協助，安全上有所保障，好好享受自然體驗，放心上山，平安回家。

　　訓練森林療癒師的目的，是希望完成課程的學員能夠利用學得的知識讓自己健康，並且懂得戶外安全的概念，行有餘力再發展帶領活動的技能，然後讓別人也健康、安全，自助且能夠助人。

　　簡單來說，森林療癒師主要有兩大功能：

## 1. 維護學員安全

　　自然環境常常有很多危險因子，例如森林內的有毒動植

物；氣候溫差大造成的身體不適；3千公尺以上的高山，導致血氧量降低，可能會引發高山症；有些地方步道品質不佳，容易跌倒受傷。如果危及性命，就不用談療癒效果了。所以森林療癒師需要瞭解山上多變的氣候環境、林間條件與森林生態等知識，需要上知天文、下知地理。

## 2. 課程設計

　　學員大部分是為了健康來參加活動，課程要根據他們的需求設計，不要讓學員太過勞累，否則會造成反效果，甚至可能危害健康。例如2公里的步道健行療癒體驗，對於一般人而言沒什麼問題，但卻不太適合高血壓族群，森林療癒師要針對學員健康狀況設計活動，並在活動前、中、後隨時評估、觀察、調整。所以我們事先需要量測學員的心跳、血壓等基本生理狀態，並備有醫護站等後援機制，隨時處理突發狀況。若學員為身心障礙者，場域的選擇與課程設計就更顯得重要。

　　除此之外，森林療癒師還要在活動過程中提供衛教與永續生活方式的知識，若學員有興趣，也要讓他們對於當地森林生態環境與文化有基本瞭解。

綜合而言，森林療癒師可視為「森林裡的健身教練」。除了安排療癒課程之外，活動過程中必須能夠回應學員對於森林的好奇；同時戶外活動在安全的考量上要更為嚴謹，所以要有安全訓練。因此森林療癒師必須學習森林生態、森林資源、林業的文化與歷史、森林療癒概論、森林療癒研究、心理健康課程、預防醫學概論、安全救護與療癒活動設計等課程。在基礎學習之後，再依個人興趣，精進不同的療癒活動。例如瑜伽、冥想、賞鳥……才能成為獨當一面的森林療癒師。

林務局積極推動森林療癒師認證制度，課程內容包含3大類別：

## 1. 核心課程

包括森林療癒、心理健康、森林科學與戶外安全4個模組，共60小時的線上課程，著重在相關知識的傳遞。

## 2. 活動課程

包含北歐式健走、香精油製作、戶外諮商引導、木工實作、認識野生動植物等多樣化的選修課程，學員可選擇喜好的活動課程，發展自己的專長。

## 3. 實習課程

包含2次隨隊實習與3次帶隊實習，訓練學員規劃療癒課程能力與帶隊經驗。

臺大森林系也開設森林療癒師訓練相關課程，從校園培育未來森林療癒專業人才，這些訓練也銜接林務局森林療癒師認證，讓同學們修習完課程後直接可以拿到台灣的森林療癒師執照。

森林療癒師訓練並非為取代正統醫學，事實上森林療癒也無法取代正統醫學。現代醫學在無數人長久努力下已發展到極致，大部分疾病都有相對應的醫療處置方式，所以如果有疾病還是要看醫生，遵照醫生的指示。森林療癒師能夠做的是帶領生理及心理健康的療癒課程，傳遞正確的觀念與協助建立良好的生活習慣，讓大家盡量維持在健康狀態，以減少醫療支出及社會成本。森林療癒師在保健跟預防疾病上多付出一些心力，專業的治療就交給醫護人員負責。

對於森林療癒師相關的課程培訓與認證可以搜尋「林務局森林療癒師認證培訓平台」（https://www.twforesttherapy.org/培訓課程簡章/）。

# 樂齡抗老化俱樂部——森林療癒中心

　　樂齡族群或許有這樣的經驗，到了某個年紀之後，發現自己腦力、骨力與肌力都退化了，可是心裡住著的那個小男孩或小女孩還是很活潑、調皮，因此仍把身體當作年輕時一般使用，直到發現身體跟不上來就開始憂鬱。

　　身體機能逐漸衰弱是正常的老化現象，隨著年齡增長，基礎代謝降低、脂肪增加、肌肉與骨質流失，循環系統退化引起高血壓及心血管疾病，消化系統老化使營養吸收不良，免疫系統老化使個體抵抗力減低，神經內分泌系統老化影響自律神經活性，且常見記憶力減退、反應變慢等認知功能障礙，以及睡眠困難等健康問題。生理機能衰退帶來中、高齡心理健康問題，研究顯示台灣有13%-21%的老年人患有憂鬱症，而且有增加的趨勢[8]。

　　2002年時，世界衛生組織（World Health Organization, WHO）提出「活力老化」（Active Ageing）的架構，主張若要使老化成為正面議題，必須滿足老人健康與老人社會參與，以提升老年生活品質[9]。台灣人口結構逐漸老化，2018年國內65歲以上老年人口占總人口比率已超過14%，成為「高齡社會」，預計於2026年邁入老年人口占20%以上的

研究分析
（療癒環境效益）

森林
療癒學員

療癒課程諮詢

參與動機＆目的

特定課程　　客製化課程

健康狀態
評估

活動
建議

森林療癒體驗者流程圖。

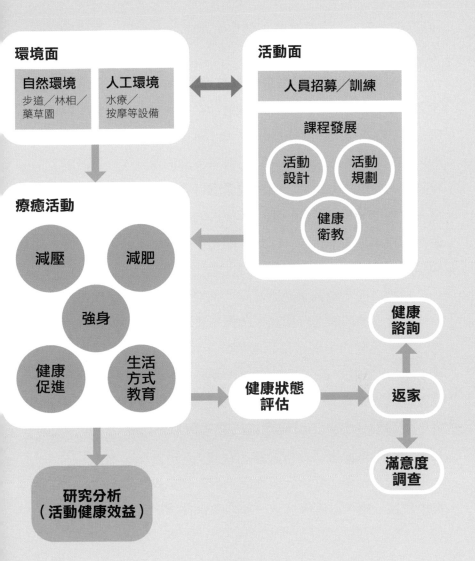

「超高齡社會」。這個發展趨勢也突顯了促進高齡者健康的重要性。

　　所以我們在國內積極推動森林療癒中心，針對45歲以上對於健康需求有強烈動機的族群，提供森林療癒課程、健康生活方式，並進行實證研究。頁188-189的圖是從使用者的角度呈現森林療癒參與過程，有意參加的學員先經過諮詢瞭解目的與需求。每個人對於健康的目的不盡相同，有人希望減重強身、有人希望紓壓；即便目的同為紓壓，不同族群適合的方式也大不相同，因此要開發各種課程，甚至必須客製化。

　　活動之前先做健康狀態評估（前測），針對目標項目以及一般性身體功能進行量測，確保身體狀況能夠負荷森林療癒活動。活動內容配合使用者需求，短則2小時，長則到3天2夜的工作坊。除了活動之外也有健康生活的指導；療癒活動設計包含軟體與硬體，軟體課程需要各領域專長的協助，硬體則包含人工環境設施的建置與自然環境因子的分析。活動結束後再次進行評估（後測），學員返家後，工作人員繼續進行滿意度調查與健康諮詢。最重要的是，前後測健康效益分析可以確保成效，並作為森林療癒活動改進的依據。

其中的概念很簡單，想像一下把健身房或是住家附近的運動中心搬到山上，目標對象是45歲以上族群，或高度注重健康的人，利用森林素材提供對於生理及心理健康有益的課程，甚至在醫師指導下進行諮商與復健，同時做健康效益評估研究，這樣對於減緩生、心理老化會有很大幫助。

此外，我們也思考「森林療癒需要從都市開始」，所以與臺灣科教館合作，利用鄰近都市林地場域以及附近郊山，期望日後能在台北市區推動「樂齡抗老俱樂部」。

這想法從與臺大醫學院腦心實驗室以及高齡健康促進研究室合作研究開始，針對樂齡長者常見的情緒問題及認知功能退化進行研究，以預防樂齡族群常見的認知功能退化症狀為目的，從腦神經活動與認知功能改善的角度，期待找出能夠延緩老化的解方。計畫開設「樂齡動手樂 Tinkering」、「樂齡桌遊趣」、「樂高機器人程式設計」、「森林療癒樂齡活動」、「高齡體適能活動」等多樣化的課程，預防老化帶來的認知功能退化，甚至減緩失智症狀的惡化，透過多樣的活動幫助樂齡族群「活力老化」。

科教館樂齡健康促進課程。
1. 樂高機器人程式設計培訓課程（臺大醫學院腦心實驗室提供）。　2. 樂齡動手樂
Tinkering 課程（臺大醫學院職能治療學系高齡健康促進研究室提供）。　3. 4. 森林療
癒樂齡活動課程（臺大森林系自然資源遊憩研究室提供）。

## 來一場以健康為名的社會運動──森林療癒

以下是我在演講時一定會提到的歷史軼事：

魏文侯問扁鵲：「你們家兄弟三人都學醫，誰最擅長醫術？」

扁鵲說：「我大哥醫術最高，二哥次之，我最差。」

魏文侯驚訝地問道：「可以說來聽聽嗎？」

扁鵲回答：「我大哥可以一望氣色便知此人是否快生病了，然後在疾病未形成之前就加以去除，防範疾病於未然，大家以為他不會治病，所以他的名聲出不了家門。二哥則在疾病剛開始萌芽時就將病治好，被人認為是治小病的醫生，所以他的名氣僅止於鄉里。而我治病，要在經脈扎針放血、下猛藥、在皮膚敷藥，讓患者起死回生，各國諸侯都聽說過我的名聲，大家認為我是神醫。

仔細想想，我大哥醫治疾病於無形，二哥醫治患者於小病之時，我在病入膏肓之際救人一命。好的醫生消除疾病於無形，差的醫生打敗病魔，雖然僥倖不死，可是元氣大傷。您說，我們家誰的醫術最高明？」

其實在《黃帝內經》中也曾提到同樣的概念：「上醫治未病，中醫治欲病，下醫治已病。」意即醫術最高明的醫生

是能夠預防疾病的人。從健康的觀點來看，森林其實是最好的醫生，森林療癒本質是防患於未然的健康促進概念。

台灣為移民社會，傳統上對於森林利用著重在經濟價值；日、韓、德等國社會長久親近自然，已發展出森林健康利用文化。在這方面的進展，台灣相對落後。我們希望森林療癒觀念能成為台灣社會預防保健、促進健康的一部分。

台灣自1995年開辦全民健保以來，健保醫療支出從2,520億一路增長到2016年5,933億。全世界先進國家中，台灣人享有高水準且平價的醫療服務，未來台灣步入高齡化，健保支出的缺口一定會更為嚴重，高齡化國家也會面對更多社會問題。

越來越多的研究驗證自然環境與健康的關聯性，先進國家建立都市綠帶與藍帶，減少都市化帶來的負面衝擊，或是鼓勵民眾走出戶外促進健康；積極一點的，將自然保健概念帶入醫療體系中。這些方式都能幫助民眾「防患於未然」，提升生活品質，減少醫療支出。

目前森林療癒是森林經營的重要方向，它有預防醫學、環境保護以及振興地方經濟的功能，先進國家也已經有成功案例。在台灣，若從農、林產業演進的角度來看，森林療癒是6Plus產業（Plus指附加價值最高），跳脫傳統生產者

導向的思維模式，以健康促進為目標，結合農林產品（一級產業）、加工健康產品（二級產業）與休閒觀光（三級產業），針對健康促進需求而產生的綠色產業，滿足國人健康需求，也成為高齡化社會的預防策略，並可振興山村，繁榮地方產業。

政府在森林療癒的角色是提供優良軟、硬體的森林場域，鼓勵國人進入森林進行各式療癒課程與活動，達到健康養生與保健的需求。推動森林療癒的過程中，可以促進山村部落經濟活絡，自給自足，發動跨領域健康產業商業模式的引擎。

推動森林療癒的好處太多了，民眾促進健康、社區活絡經濟、也提升國家公共健康，讓我們進行一場以健康為名的社會活動吧，將森林療癒深植於社會，讓國民與國家更健康。

Chapter

**7**

# 大家都能體驗的
## 森林療癒

## 台灣的森林療癒活動

　　林務局選定阿里山、八仙山、太平山、奧萬大、富源、雙流、知本、東眼山8處國家森林遊樂區作為森林療癒場域，並委託台灣森林保健學會推動森林療癒訓練與課程活動。中台灣溪頭教育園區是廣為國人喜愛的森林遊樂區，目前也積極推動森林療癒活動，除了多樣化的森林療癒活動，每月一次的「森林療癒講堂」，上午進行健康講座，下午則帶領民眾體驗療癒活動，協助中部地區的樂齡長者保持健康與活力。另外，臺大森林系自然資源遊憩研究室也在台北的臺灣科教館舉辦一系列森林療癒活動，作為森林療癒在都市區的研究與推廣。

　　由於各地森林資源不盡相同，發展出來的森林療癒活動也相當多元。以溪頭的森林療癒活動為例，在一天的行程中，會先安排心跳與血壓的簡單健康檢測，瞭解學員的身體狀況是否適合進行一整天的戶外活動，再用唾液壓力試片評估活動前的壓力狀態，之後在林間進行約莫20分鐘的腹式呼吸練習與暖身操，讓大家適應森林裡的溫度，緩緩做好出發前的準備。

　　接下來就是溪頭森林療癒步道中的五感體驗，打開身心

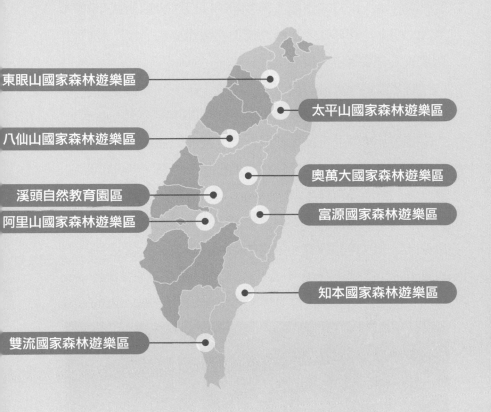

東眼山國家森林遊樂區

太平山國家森林遊樂區

八仙山國家森林遊樂區

奧萬大國家森林遊樂區

溪頭自然教育園區

富源國家森林遊樂區

阿里山國家森林遊樂區

知本國家森林遊樂區

雙流國家森林遊樂區

台灣各地森林療癒活動推廣地點。

靈體驗溪頭柳杉林一草一木的美好。透過尋找樹上的果實，擁抱與撫摸大樹觸感，聆聽溪流與林間蟲鳴鳥叫，嗅聞搓揉後的柳杉葉，以及使用剛才練習過的呼吸法，深刻感受林間豐富的樹木花草氣味，這樣的自然體驗能協助大家沉浸於自然當中，忘卻平日的煩惱。

接著邀請學員於竹盧旁的草地脫下鞋子，赤腳享受與大自然親密的接觸，恢復體內平衡。在林間木平台上，由專業的瑜伽老師帶領進行瑜伽伸展活動，補充滿滿的元氣。之後在小木屋中，將步道健行時採集的植物，以拓染的方式貼在環保袋，做成綠色伴手禮帶回家。

行程結束前再做一次健康檢測，瞭解自己經過一天療癒活動後健康改善的程度。這樣的過程饒富趣味，感受到自然的饋禮，也療癒了身心。

柳杉林下森林瑜伽體驗。

1.森林療癒活動前健康檢測。　2.抱樹親近大自然。　3.植物拓染活動。　4.林間五感體驗。
5.接地氣。（臺大實驗林提供）

1.在大農大富平地森林體驗北歐式健走活動也饒富樂趣。　2.富源森林遊樂區，原民肉粽——吉拿富DIY體驗。　3.三森有幸——大地藝術創作。　4.植物精油萃取。　5.攀樹活動讓人激發童心，從不同視角體驗森林。　6.雙流森林遊樂區溪中漫步讓人一掃疲勞。（台灣森林保健學會提供）

5

6

1.森林冥想體驗。　2.奧萬大林間自然寫生。　3.五感體驗——植物好好玩。　4.森林修枝剪枝體驗瞭解讓樹長得健康的方式，森林長得好，人在其中也會健康。　5.富源森林遊樂區手作花圈。　6.梅峰農場觀星體驗。（台灣森林保健學會提供）

林務局委託台灣森林保健學會在各森林遊樂區舉辦的森林療癒活動也相當有趣，可以在草地上或是林間進行北歐式健走，訓練肌耐力與心肺功能，在優美的自然環境中進行健走活動一點都不覺得疲累。炎炎夏日中也可脫掉鞋襪漫步在溪水中，享受水與圓石的按摩，放鬆緊繃的肌肉。體力較好的學員，可在攀樹師的指導下學習拋繩、打繩結，攀爬至樹冠層，挑戰自己的體能，在樹梢間從不同的角度欣賞大地之美，讓人心曠神怡。

想要安靜一下也無妨，可以進行自然寫生、森林冥想、孤獨體驗或是參與夜間觀星活動，透過與自然連結慢慢地沉澱自己。此外，也邀請原民社區講師分享當地飲食文化，親手製作在地特色料理，透過美食品嚐與當地文化連結，可對在地文化有更深的瞭解。

　　有鑒於台灣高齡化的趨勢，以及思考到都市人是最需要森林療癒的族群，因此臺大森林系自然資源遊憩研究室從「森林療癒從都市開始」的概念出發，以北部地區樂齡族群為對象，使用臺灣科教館屋頂花園及鄰近都市林地與郊山場域推動一系列森林療癒活動。

　　活動內容包含自然集體創作、植物拓染、河濱步道北歐式健走、芝山岩自然五感體驗等，讓長輩們在專業課程的帶領下，透過自然體驗達到身心平衡；並邀請郭建中醫師帶領竹杖健走活動，對抗好發於樂齡長者的肌少症，幫長輩把肌肉玩回來。

　　這些森林療癒活動都有講師引導，在經營管理完善的森林自然環境進行，這些活動可以確保學員在戶外的安全，安心地細細品味自然、與自然結合，並且療癒身心，保健身體。

1.學員集體創作大家的樹。 2.植物拓染活動。 3.竹杖健走活動。 4.五感體驗──比比看誰拍到的花最漂亮。（臺大森林系自然資源遊憩研究室提供）

## 從事戶外活動要注意安全

　　除了參與講師引導的團體活動，當然也可以自己走出戶外體驗森林療癒。不過在出發之前，我們最好先瞭解戶外安全的知識，減少風險。

　　我們常在報章雜誌的報導上看到一些戶外活動的意外事故，像是高山症、失足摔落山谷、迷途、身體有突發狀況等，小則虛驚一場，大則造成天人永隔的憾事。其實山林環境和都市環境相比，存在更多風險，戶外氣候多變，野生動、植物以及步道條件也存在一些未知的危險，即便是在熟悉的郊山中健行，也可能轉個彎就迷路了。

　　此外，個人的身心狀態與體能狀況也會影響安全。走出戶外「最大的風險就是不知道有風險」，有了充足的戶外安全知識，不僅可以預防危險，發生時也才能冷靜面對。

### 行前準備

- 先評估身體狀況是否適合進行活動。前一天晚上有沒有睡好？血壓是不是太高？身體是否不適？有慢性疾病請先評估一下自己的體能狀況，並記得隨身攜帶藥品。
- 讓別人知道自己登山的地點，以及預計回程的時間。出發

前先通知親友此行目的地、去多久？大概幾點回家？當然最好是有人同行。

- 手機與行動電源先充飽電，並隨身攜帶。行動電源最好是用防水袋裝妥，放入背包中，避免潮溼失效。

- 注意氣象預報，颱風逼近與下豪雨的前後一週不要冒險入山。

- 出發前先確認山上的溫度。有時山下的天氣炎熱，穿短袖、短褲，上山後溫度驟降，隨身衣物不足會造成身體不適或是失溫。所以建議一定要先查詢當天山上的溫度，準備充足的衣物。

- 視山上溫度準備適合的登山衣物。保暖是戶外活動的安全重點之一，在山上失溫會造成身體不適甚至危及生命。戶外衣物要隨身攜帶而首重輕便，再為保暖、防潮兩個目的，準備合適的保暖衣與雨衣。在一天的郊山行程中，建議穿著易排汗的短袖上衣，再攜帶輕便抗風的外套，還要準備輕便雨衣，有備無患。若是中高海拔的一日郊山如合歡山、太平山等，則需準備薄的保暖外套，供休息時保暖使用。

- 衣服以洋蔥式多層次穿搭為原則，貼身衣物為排汗衣，覺得冷再加上保暖衣，若下雨則穿上雨衣，針對不同情境做

彈性調整，不需要的衣物放在登山包中。下半身建議穿長褲，可以避免蚊蟲與銳利植被的傷害。快乾登山長褲或壓縮褲搭配短褲也是很好的選擇，壓縮褲可以緊緊包覆膝蓋與大小腿肌肉，對骨骼與肌肉有支持與保護效果，雙腿活動也更順暢。

- 建議穿著健行鞋或登山鞋。山區步道多有高低坡，上上下下移動的過程中，鞋子承受的壓力比一般運動還來得高，容易打滑受傷，所以專為登山設計的鞋款有助於降低滑倒的風險，另外也需穿著比鞋筒高的登山襪，避免長時間行走磨破皮。

- 攜帶充足的飲水與食物。一天的郊山健行 1500c.c. 的水已經足夠，不過低海拔山區還是建議攜帶約 2000c.c. 的水以備不時之需。慢慢喝水不要狂飲，否則汗量增加容易造成身體疲勞。

- 登山健行是長時間消耗體力的運動，除了簡單的食物外，建議攜帶一些自己喜歡吃的零食當作行動糧隨時補充體能，像是能量棒、糖果、餅乾、水果等，能夠維持體力，快速產生身體所需要的能量，避免熱量不足。行動糧的選擇建議避開過重或熱量過低的品項，如果凍或寒天、蒟蒻等，可以有效減少體能的負擔。

- 1-2天的戶外行程可攜帶10-25公升的登山或健行用背包，視各人需求與習慣準備遮陽帽、墨鏡、登山杖、護膝、頭巾、手套、相機等物品。

### 登山活動中的注意事項

- 如果發現天氣驟變就請直接下山。山永遠都在，不必急於一時。
- 不要走無人跡的山路，盡量走在步道上。
- 走路時全腳掌著地，讓身體重量平均分配在腳底，這樣可

1.山下晴空萬里，山上降下暴雨，步道變成小溪。　2.大雨造成土石崩塌，這種情況千萬不要勉強上山。

以使用更多的肌肉來支持身體，穩定性更高，也能減輕腳踝承受的壓力。

- 走路步伐要小，使用規律性的小步伐慢慢行走，可以縮短肌肉每一步的運動時間，讓肌肉在行進間休息，會走得更輕鬆。

- 行進間調整呼吸與步伐，深吸慢吐不要短促呼吸，可以讓氧氣充分供給肌肉，會越走越舒服。需要時可使用登山杖，讓上半身負擔身體部分重量，可以保持身體平衡，並減輕雙腳運動量以及膝蓋負擔，尤其是在走下坡步道時會相當有幫助。

## 無痕山林（Leave No Trace）

- 維護環境，將垃圾、廚餘帶下山。
- 保持環境原有風貌，不要移動當地的任何物品，不隨意採集花草植物。
- 尊重野生動物，保持觀賞距離，不隨意餵食。
- 尊重其他使用者體驗自然的權利，並尊重當地風俗文化，不占用步道、不闖入私人土地。
- 降低手機與收音機音量，不要邊走邊把收音機開得很大聲聽音樂。

## 在山上的偶發狀況

- 身體若有不適先就地休息，若無好轉跡象，盡快撥打 119 與 112，或是與管理單位聯繫請求協助。
- 若要讓救難人員以最快的速度找到你，可以在等待救援的地點打開手機定位功能與「指南針」，或類似功能的 APP，將螢幕截圖後，報案時一併告知救難人員圖面上的「北緯、東經」讀數，即可成功讓對方掌握你的位置。
- 受傷即立刻進行簡單處置，再視情況決定繼續前進或是下撤，必要時撥打電話求援。若是有毒動植物造成的傷害，在安全無虞的情況下應拍攝或是記住其特徵樣貌，以利後續醫療診斷。
- 如果在山上迷路，應避免來回奔跑消耗體力，盡快撥打電話求援，若是當地無訊號，建議原地等待救援，並用人工物品（布條、衣物等）在容易被看到之處做記號。

　　以上跟大家分享戶外安全的小訣竅，走出戶外一定有風險，但是「風險不等於危險」，瞭解風險才能面對風險，在戶外活動沒有百分之百的安全，只有不斷精進的準備。

## 自己可以體驗的森林療癒活動

對於戶外安全有基本的概念後，我們就可以走入森林好好享受。前面介紹的森林療癒活動大多是有講師帶領，在安全無虞的環境下，讓大家沉浸在自然中，玩得開心愉快又健康。以下介紹幾個自己就能體驗的森林療癒活動，希望大家能透過這些活動好好享受自然。

### 森之呼吸

森之呼吸並非從《鬼滅之刃》而來，只是借用動畫取個響亮的名字。它其實就是腹式呼吸法，我們常在森林療癒的活動中讓學員練習森之呼吸，可以舒緩情緒，充分享受林間的芬多精與負離子。行進間感到疲累時，操作幾次森呼吸可以讓活力充沛，回到都市感覺緊張焦慮時也可以操作練習舒緩壓力。

人的呼吸方式可以分為胸式呼吸與腹式呼吸。大多數人使用胸式呼吸法，吸氣時大部分空氣進入肺部的上半層，吸得比較淺。腹式呼吸法則需要有意識的控制，吸氣時腹部突起，吐氣時腹部凹下，空氣可進到肺部深處。

練習腹式呼吸使得橫隔膜下壓，胸腔適度擴張，可以提

升身體氧氣交換，增加肺活量，促進血液循環與新陳代謝。更重要的是，練習腹式呼吸法時，注意力會集中在深吸氣與深吐氣，可以轉移緊張與不安感，減輕憂鬱、焦慮不安的情緒，心理壓力降低了，身體的壓力也會降低。而且腹式呼吸法可以增進副交感神經的活性讓人放鬆，全身肌肉血管放鬆不緊繃，血壓也就降低了。在香港，腹式呼吸法是醫生治療高血壓患者時，降低血壓的標準放鬆練習法。

**操作步驟：**

**Step 1**
在林間找一個舒適的地方，或坐或站，手放在腹部，閉上雙眼。

**Step 2**
深入而緩慢地用鼻子吸入空氣，吸氣時腹部自然膨脹。盡量吸飽氣讓胸腹鼓起，吸氣5秒鐘，吸氣時默數1秒鐘、2秒鐘、3秒鐘……

**Step 3**
吸飽氣後閉氣5秒，同樣默數1秒鐘、2秒鐘、3秒鐘……

**Step 4**

用口緩慢地將氣呼出，5秒鐘的時間把所有的氣盡量呼出，讓腹部凹下，同樣默數1秒鐘、2秒鐘、3秒鐘……

**Step 5**

上述呼吸步驟重複練習5-10次，或練習5-10分鐘。

**腹式呼吸法小訣竅：**

1.鼻子吸氣嘴巴吐氣。

2.吐氣時越慢越好。

3.把肚子想像成無形氣球，吸氣時凸起，吐氣時凹下。

4.每個呼吸步驟默數1秒鐘、2秒鐘、3秒鐘……

## 尋找森林裡的彩虹

在森林療癒的活動中，講師希望學員盡量遠離3C產品，好好沉浸在自然當中。然而這對已經習慣使用手機的現代人並不容易，所以活動中我們將手機轉化成森林療癒體驗

的好幫手。講師指導學員尋找森林中紅、橙、黃、綠、藍、靛、紫各種顏色，並拍攝下來跟其他學員分享。

森林中並非只有綠色跟咖啡色，而且即便是綠色也有很多種不同的層次，相當令人驚豔。有時候講師也會安排難題，像是找「金色」或是「黑色」這種不容易在森林中看到的顏色，可以鼓勵學員打開眼睛專心尋找。某次在富源森林遊樂區的森林療癒活動中，我們就發現了一個金色的蝴蝶蛹，跟金子一模一樣的顏色，令人驚訝大自然的神奇。

我們也進一步邀請學員分享心情，譬如找到漂亮的淡綠色時，感覺到安詳、沉靜，之後回到都市，在日常生活中面對不順遂或壓力大的時候，可以打開手機看一下這樣的淡綠色，回想當時的平靜感，重振精神。這個活動也很適合自行體驗。

## 聲音地圖

森林中存在蟲鳴、鳥叫、溪水聲、風吹過樹梢等各種不同的聲音，卻常常被匆忙的人們所忽略。約瑟夫・柯內爾（Joseph Cornell）在《自然就該這樣玩：深度自然體驗》（*Deep Nature Play：A Guide to Wholeness, Aliveness, Creativity, and Inspired Learning*）中曾介紹一個叫做「聲音地圖」的小遊戲，簡單又有趣，我們也常常在森林療癒活動中帶領這個活

動。先請學員找到一席之地坐下，閉上眼睛聆聽森林裡的聲音，然後將不同的聲源畫下來。這個活動也相當適合在森林中自行體驗，可以增進自己對自然環境的覺察力。

**操作步驟：**

**Step 1**
在林間找一個舒適的地方坐下，閉上雙眼。

**Step 2**
拿起一張紙、一支筆，想像自己身在紙張的正中央。

**Step 3**
仔細聆聽附近的聲音，在紙上標註聽到的聲音。

**Step 4**
標註顯示聲音的來源方向，以及跟自己的相對距離。不需要太精美的圖示，像是聽到正前方有風吹樹梢的聲音，就簡單的畫一棵樹與幾條線代表風的聲音，或是右後方有鳥叫，就在紙張的右下方簡單畫隻鳥。

**Step 5**
仔細聆聽5-10分鐘，紙上的聲音會越來越豐富。

森林裡的各種顏色讓人驚豔。

## 北歐式健走

　　北歐式健走是有益於樂齡長者的戶外休閒方式，尤其在林間平緩步道或是草地上進行最是愜意。操作方式是雙手拿著兩支健走杖，一面步行一面利用雙手帶動健走杖往前行動。這樣的健行散步活動訓練到上半身肩部、手臂、核心肌群和下半身臀部與腿部肌肉，可以燃燒更多的卡路里、增強肌力、讓心肺健康；使用兩支健走杖輔助可以避免跌倒，減少關節的磨損並維持骨骼健康，也訓練協調性。

**操作步驟：**

**Step 1**
立正站好，握住手柄，杖尖觸地，調整健走杖的長度，與手肘成90度。

**Step 2**
繫好腕帶。

**Step 3**
自然行走，拖行健走杖。

**Step 4**

手臂自然擺動，手肘往後時將健走杖往後伸直，手肘往前時則放鬆健走杖。

**Step 5**

習慣上一步驟後再慢慢大步向前。


看了這麼多森林療癒活動，你是不是也迫不及待想要走入森林？非常鼓勵大家走進大自然找到健康，人是自然的一部分，在自然中生命便覺完整。體驗自然有很多種方式，我認為從知識分享去讓人喜愛大自然，可以影響一小部分的人；從自然體驗去感動人喜愛大自然，才能影響大部分的人。

愛上大自然的人會過得很健康，也會想去照顧大自然，然後我們的環境也會愈來愈健康，森林療癒其實就是使人與環境一起變健康的過程。這種正向的循環才是人與環境共存之道，希望這本書的結尾不是森林療癒的結束，而是台灣推動森林療癒蓬勃發展的開始。

# 參考文獻

## 1 都市化帶來的健康問題

1. Wilson, E. O. (1984). *Biophilia*. Cambridge, MA: Harvard University Press.

2. Lederbogen, et al, (2011). City living and urban upbringing affect neural social stress processing in humans. *Nature, 474,* 498–501.

3. Branas, C. C., South, E., Kondo, M. C., Hohl, B. C., Bourgois, P., *et al.* (2018). Citywide cluster randomized trial to restore blighted vacant land and its effects on violence, crime, and fear. *PNAS 115,* 2946–2951.

4. Hartig, T., Mitchell, R., de Vries, S. & Frumkin, H. (2014). Nature and Health. *Annual Review of Public Health, 35,* 207-228.

## 2 健康問題的解決方案——森林療癒

1. Li, Q. (2010). Effect of forest bathing trips on human immune function. *Environmental health and preventive medicine, 15*(1), 9-17.

2. Li, Q., Morimoto, K., Kobayashi, M., Inagaki, H., Katsumata, M., Hirata, Y., ... Wakayama, Y. (2008). A forest bathing trip increases human natural killer activity and expression of anti-cancer proteins in female subjects. *J Biol Regul Homeost Agents, 22*(1), 45-55.

3. Li, Q., Morimoto, K., Kobayashi, M., Inagaki, H., Katsumata, M., Hirata, Y., ... Wakayama, Y. (2008). Visiting a forest, but not a city, increases human natural killer activity and expression of anti-cancer proteins. *International journal of immunopathology and pharmacology, 21*(1), 117-127.

4. Park, B. J., Tsunetsugu, Y., Kasetani, T., Hirano, H., Kagawa, T., Sato, M., et al. Physiological effects of Shinrin-yoku (taking in

the atmosphere of the forest): using salivary cortisol and cerebral activity as indicators. *J Physiol Anthropol. 2007, 26*(2), 123–128.

5. 上原巖，姚巧梅譯（2013）。《療癒之森：進入森林療法的世界》。張老師文化。

6. Jung, W. H., Woo, J. M., & Ryu, J. S. (2015). Effect of a forest therapy program and the forest environment on female workers' stress. *Urban Forestry & Urban Greening, 14*(2), 274-281.

7. Yu, C. P., & Hsieh, H. (2020). Beyond restorative benefits: Evaluating the effect of forest therapy on creativity. *Urban Forestry & Urban Greening, 51,* 126670.

8. Miyazaki, Y. (2018). Shinrin-yoku: *The Japanese Way of Forest Bathing for Health and Relaxation.* Aster.

9. Saraev, V., O'Brien, L., Valatin, G. and Bursnell, M. (2021). *Valuing the mental health benefits of woodlands.* Research Report. Forest Research, Edinburgh.

## 3 森林療癒實證研究——健康篇

1. Park, B. J., Tsunetsugu, Y., Kasetani, T., Kagawa, T., & Miyazaki, Y. (2010). The physiological effects of Shinrin-yoku (taking in the forest atmosphere or forest bathing): evidence from field experiments in 24 forests across Japan. *Environmental Health and Preventive Medicine, 15*(1), 18-26.

2. Mao, G. X., Cao, Y. B., Lan, X. G., He, Z. H., Chen, Z. M., Wang, Y. Z., ···Yan, J. (2012). Therapeutic effect of forest bathing on human hypertension in the elderly. *Journal of Cardiology, 60*(6), 495–502.

3. Song, C., Ikei, H. & Miyazaki, Y. (2015). Elucidation of a physiological adjustment in a forest: a pilot study. *International Journal of Environmental Research and Public Health, 12*(4), 4247-4255.

4. Yu, C.-P.* & Hsieh, H. (2020). Beyond Restorative Benefits: Evaluating the Effect of Forest Therapy on Creativity. *Urban Forestry & Urban Greening, 51,* 126670.

5. Li, Q., Kobayashi, M., Kawada, T. (2008). Relationships between percentage of forest coverage and standardized mortality ratios (SMR) of cancers in all prefectures in Japan. *The Open Public Health Journal, 1,* 1-7.

6. Li, Q., Morimoto, K. I., Kobayashi, M., Inagaki, H., Katsumata, M., Hirata, Y., ···Miyazaki, Y. (2008). Visiting a forest, but not a city, increases human natural killer activity and expression of anti-cancer proteins. *International Journal of Immunopathology and Pharmacology, 21*(I), 117–127.

7. Li, Q., Morimoto, K., Kobayashi, M., Inagaki, H., Katsumata, M., Hirata, Y., ···Miyazaki, Y. (2008). A forest bathing trip increases human natural killer activity and expression of anti-cancer proteins in female subjects. *Journal of Biological Regulators & Homeostatic Agents, 22*(1), 45–55.

8. Park, B. J., Tsunetsugu, Y., Kasetani, T., Kagawa, T., &Miyazaki, Y. (2010). The physiological effects of Shinrin-yoku (taking in the forest atmosphere or forest bathing): Evidence from field experiments in 24 forests across Japan. *Environmental Health and Preventive Medicine, 15*(1), 18–26.

9. Lutz, A., Greischar, L. L., Rawlings, N. B., Ricard, M., & Davidson, R. J. (2004). Long-term meditators self-induce high-amplitude gamma synchrony during mental practice. *Proceedings of the National Academy of Sciences, 101*(46), 16369-16373.

10. Shin, Y.-K., Kim, D. J., Kyunghee J.-C., K., Son, Y.-J., Koo, J.-W., Min, J.-A. & Chae, J.-H. (2013). Differences of psychological effects between meditative and athletic walking in a forest and gymnasium. *Scandinavian Journal of Forest Research, 28,* 64-72.

11. Morita, E, Fukuda, S., Nagano, J., Hamajima, N., Yamamoto, H., Iwai, Y., ···Shirakawa, T. (2007). Psychological effects of forest environments on healthy adults: Shinrin-yoku (forest-air bathing,

walking) as a possible method of stress reduction. *Public Health, 121,* 54-63.

12. Maes, M.J.A., Pirani, M., Booth, E.R. et al. (2021). Benefit of woodland and other natural environments for adolescents' cognition and mental health. *Nature Sustainability,* https://doi.org/10.1038/s41893-021-00751-1.

13. Shin, W. S., Shin, C. S., & Yeoun, P. S. (2012). The influence of forest therapy camp on depression in alcoholics. *Environmental Health and Preventive Medicine, 17*(1), 73-76.

14. Kim, W., Lim, S.-K., Chung, E.-J., & Woo, J.-M. (2009). The Effect of Cognitive Behavior Therapy-Based Psychotherapy Applied in a Forest Environment on Physiological Changes and Remission of Major Depressive Disorder. *Psychiatry Investigation, 6,* 245-254.

15. Bratman, G.N., Hamilton, J.P., Hahn, K.S., Daily, G.C., & Gross, J.J. (2015). Nature experience reduces rumination and subgenual prefrontal cortex activation. *Proceedings of the National Academy of Sciences, 112*(28), 8567-8572.

16. Ulrich, R. S. (1984). View through a window may influence recovery. *Science, 224*(4647), 224-225.

17. Böbel, T. S., Hackl, S. B., Langgartner, D., Jarczok, M. N., Rohleder, N., Rook, G. A., Lowry, C. A., Gündel, H., Waller, C., Reber, S. O. (2018). Less immune activation following social stress in rural vs. urban participants raised with regular or no animal contact, respectively. *Proceedings of the National Academy of Sciences, 115*(20), 5259-5264.

18. Wu, W. L., Adame, M. D., Liou, C. W. et al. (2021). Microbiota regulate social behaviour via stress response neurons in the brain. *Nature, 595,* 409–414.

19. Rook, G. A. (2013). Regulation of the immune system by biodiversity from the natural environment: an ecosystem service essential to health. *Proceedings of the National Academy of Sciences,110*(46),18360-18367.

20. O'Brien, M. E., Anderson, H., Kaukel, E., O' Byrne, K., Pawlicki, M., von Pawel, J.,Reck, M. (2004). SRL172 (killed Mycobacterium vaccae) in addition to standard chemotherapy improves quality of life without affecting survival, in patients with advanced non-small-cell lung cancer: phase III results. *Annals of Oncology, 15*(6), 906–914.

21. Reber, S. O., Siebler, P. H., Donner, N. C., Morton, J. T., Smith, D. G., Kopelman, J. M., et al. (2016). Immunization with a heat-killed preparation of the environmental bacterium Mycobacterium vaccae promotes stress resilience in mice. *Proceedings of the National Academy of Sciences, 113*(22), E3130-3139.

22. Jarvis, I., Sbihi, H., Davis, Z., Brauer, M., Czekajlo, A., Davies, H. W., ... & van den Bosch, M. (2022). The influence of early-life residential exposure to different vegetation types and paved surfaces on early childhood development: A population-based birth cohort study. *Environment International, 163*, 107196.

23. Wu, C. D., McNeely, E., Cedeño-Laurent, J. G, Pan, W. C., Adamkiewicz, G., Dominici, F., Lung, S. C. , Su, H. J., & Spengler, J. D. (2014). Linking student performance in Massachusetts elementary schools with the "greenness" of school surroundings using remote sensing. *PLoS One, 9*(10), e108548.

24. Atchley, R. A., Strayer, D. L., & Atchley, P. (2012). Creativity in the wild: Improving creative reasoning through immersion in natural settings. *PloS one, 7*(12), e51474.

25. Ferraro III, F. M. (2015). Enhancement of convergent creativity following a multiday wilderness experience. *Ecopsychology, 7*(1), 7-11.

26. Yu, C. P., & Hsieh, H. (2020). Beyond restorative benefits: Evaluating the effect of forest therapy on creativity. *Urban Forestry & Urban Greening, 51*, 126670.

27. Oyama, H., Ohsuga, M., Tatsuno, Y., & Katsumata, N. (1999). Evaluation of the psycho-oncological effectiveness of the bedside wellness system. *CyberPsychology & Behavior, 2*(1), 81-84.

28. Hoffman, H. G., Patterson, D. R., & Carrougher, G. J. (2000). Use of virtual reality for adjunctive treatment of adult burn pain during physical therapy: A controlled study. *The Clinical Journal of Pain, 16*(3), 244-250.

29. Yu, C.-P., Lee, H.-Y., & Luo, X.-Y. (2018). The Effect of Virtual Reality Forest and Urban Environments on Physiological and Psychological Responses. *Urban Forestry & Urban Greening, 35,* 106-114.

30. Yu, C.-P., Lee, H.-Y., Lu, W.-H., Huang, Y.-C., & Browning, M. (2020). Restorative effects of virtual natural settings on middle-aged and elderly adults. *Urban Forestry & Urban Greening, 56,* 126823.

31. Hunter, M. R., Gillespie, B. W. & Chen, S.Y.-P. (2019). Urban Nature Experiences Reduce Stress in the Context of Daily Life Based on Salivary Biomarkers. *Frontiers in Psychology, 10,* 722.

32. Shanahan, D. F., Bush, R., Gaston, K. J., Lin, B. B., Dean, J., Barber, E. & Fuller, R. A. (2016). Health Benefits from Nature Experiences Depend on Dose. *Scientific Reports, 6,* 28551.

33. Cox, D., Shanahan, D., Hudson, H., Fuller, R., Anderson, K., Hancock, S., & Gaston, K. (2017). Doses of Nearby Nature Simultaneously Associated with Multiple Health Benefits. *International Journal of Environmental Research and Public Health, 14*(2), 172.

34. White, M.P., Alcock, I., Grellier, J., Wheeler, B. W., Hartig, T., Warber, S. L. et al. (2019). Spending at least 120 minutes a week in nature is associated with good health and wellbeing. *Scientific Reports, 9,* 7730.

35. Wilson, E. O. (1984). *Biophilia.* Cambridge, MA: Harvard University Press.

36. Ulrich, R. S. (1983). Aesthetic and affective response to nature environment. In Altman & J. F. Wohlwill, Eds., *Human Behavior and Environment* (pp. 85-125). New York: Plenum Press.

37. Kaplan, S. (1995). The restorative benefits of nature: Toward an integrative framework. *Journal of environmental psychology, 15*(3), 169-182.

38. Hammitt, W. E. & Brown, G. F. (1984). Functions of privacy in wilderness environments. *Leisure Sciences, 6*(2), 151-166.

# 4 森林療癒實證研究——療癒環境篇

1. Tsao, T. M., Tsai, M. J., Hwang, J. S., & Su, T. C. (2019). Health effects of seasonal variation in cardiovascular hemodynamics among workers in forest environments. *Hypertension research : official journal of the Japanese Society of Hypertension, 42* (2), 223–232.

2. 高山範理、香川隆英、朴範鎮、井川原弘一（2005）。冬季森林保養地における森林浴の快適性と温熱環境の関係。日本森林学会大会発表データベース第 116 回日本森林学会大会，161-161。

3. Gaitani, N., Mihalakakou, G., & Santamouris, M. (2007). On the use of bioclimatic architecture principles in order to improve thermal comfort conditions in outdoor spaces. *Building and Environment, 42*(1), 317-324.

4. Stathopoulos, T., Wu, H., & Zacharias, J. (2004). Outdoor human comfort in an urban climate. *Building and Environment, 39*(3), 297-305.

5. 總谷珠美、高山範理、朴範鎮、古谷勝則、香川隆英、宮崎良文（2008）。 森林散策路の光・温熱環境と森林浴における主観評価との関係。ランドスケープ研究，*71*(5)，713-716。

6. Park, B. J., Tsunetsugu, Y., Kasetani, T., Kagawa, T., & Miyazaki, Y. (2010). The physiological effects of Shinrin-yoku (taking in the forest atmosphere or forest bathing): evidence from field experiments in 24 forests across Japan. *Environmental Health and Preventive Medicine, 15*(1), 18-26.

7. 林一真等、申永順、廖天賜、王歆慈（2012）。《森林益康評估

原則之建立與示範推動工作之研析與規劃》（3/3）。行政院農業
委員會林務局委託研究計畫。

8. Tsao, T. M., Hwang, J. S., Tsai, M. J., Lin, S. T., Wu, C., & Su, T. C. (2021). Seasonal Effects of High-Altitude Forest Travel on Cardiovascular Function: An Overlooked Cardiovascular Risk of Forest Activity. *International journal of environmental research and public health, 18*(18), 9472.

9. 岩崎輝雄著、呂錦明譯（1989）。《森林的健康學》。台北市：中國造林事業協會。

10. 日本經濟新聞（2018 年 6 月 23 日）。健康に効く、ゆったり旅 社員を「出張」も。取自 https://www.nikkei.com/article/DGXMZO32096270S8A620C1SHA000/?fbclid=IwAR2HPWWPUm8hFVP5yiTYsGGftD_Tx7QJg1WDS_fAPatoxkC4_jEMy8lYj7I

11. Nakamura, A. (2008). 'Forest Therapy' taking root, researchers find that a simple stroll among trees has real benefits. The Japan Times. Retrieved from https://www.japantimes.co.jp/news/2008/05/02/national/forest-therapy-taking-root/

12. 恒次祐子、朴範鎮、李宙 、香川隆英、宮崎良文（2011）。森林セラピーの心理的リラックス効果——全国 19 森林 228 名被験者の結果より—。日本衛生学雑誌, *66,* 670-676。

13. Ulrich, R. S. (1979). Visual landscapes and psychological well being. *Landscape Research, 4*(1), 17-23.

14. Tsunetsugu, Y., Miyazaki, Y., & Sato, H. (2005). Visual effects of interior design in actual-size living rooms on physiological responses. *Building and Environment, 40,* 1341-1346.

15. Song, C., Joung, D., Ikei, H., Igarashi, M., Aga, M., Park, B. J., ⋯Miyazaki, Y. (2013). Physiological and psychological effects of walking on young males in urban parks in winter. *Journal of Physiological Anthropology, 32,* 18.

16. Suda, R., Yamaguchi, M., Hatakeyama, E., Kikuchi, T., Miyazaki, Y., & Sato, M. (2001). Effect of visual stimulation of natural

scenery on central and autonomic nervous systems (I)-in the case of good correlation between sensory evaluation and physiological response (in Japanese). *Japanese Journal of Physiological Anthropology, 6,* 84-85.

17. Sakuragawa, S., Kaneko, T., & Miyazaki, Y. (2008). Effects of contact with wood on blood pressure and subjective evaluation. *Journal of Wood Science, 54*(2), 107-113.

18. Morikawa, T., Miyazaki, Y., & Kobayashi, S. (1998). Time-series variations of blood pressure due to contact with wood. *Journal of Wood Science, 44*(6), 495-497.

19. Ikei, H., Song, C., & Miyazaki, Y. (2017). Physiological Effects of Touching Wood. *International journal of environmental research and public health, 14*(7), 801.

20. Ikei, H., Song, C., & Miyazaki, Y. (2017). Physiological effects of touching coated wood. *International Journal of Environmental Research and Public Health, 14*(7), 773.

21. 朱安雅（2019）。《接觸國產材之生心理效益研究──以台灣杉與相思木為例》（未出版碩士論文）。國立臺灣大學。

22. Ising, H., & Kruppa, B. (2004). Health effects caused by noise: Evidence in the literature from the past 25 years. *Noise and Health, 6*(22), 5-13.

23. Welch, D., Shepherd, D., Dirks, K. N., McBride, D., & Marsh, S. (2013). Road traffic noise and health-related quality of life: A cross-sectional study. *Noise and Health, 15*(65), 224-230.

24. Beelen, R., Hoek, G., Houthuijs, D., van den Brandt, P. A., Goldbohm, R. A., Fischer, P., Schouten, L. J., Armstrong, B., & Brunekreef, B. (2009). The joint association of air pollution and noise from road traffic with cardiovascular mortality in a cohort study. *Occupational and environmental medicine, 66*(4), 243-250.

25. Ndrepepa, A., & Twardella, D. (2011). Relationship between noise annoyance from road traffic noise and cardiovascular diseases: a meta-analysis. *Noise and health, 13*(52), 251-259.

26. Carles, J. L., Bernaldez, F. G. and De Lucio, J. V. (1992). Audio-visual interactions and soundscape preference. *Landscape Research, 17*(2), 52-56.

27. Chuang, K. J., Yan, Y. H., & Cheng, T. J. (2010). Effect of air pollution on blood pressure, blood lipids, and blood sugar: a population-based approach. *Journal of occupational and environmental medicine, 52*(3), 258-262.

28. Mao, G. X., Lan, X. G., Cao, Y. B., Chen, Z. M., He, Z. H., Lv, Y. D., ···Yan, J. (2012). Effects of short-term forest bathing on human health in a broad-leaved evergreen forest in Zhejiang Province, China. *Biomedical and Environmental Sciences, 25*(3), 317-324.

29. Nakane, H., Asami, O., Yamada, Y., & Ohira, H. (2002). Effect of negative air ions on computer operation, anxiety and salivary chromogranin A-like immunoreactivity. *International Journal of Psychophysiology, 46*(1), 85-89.

30. Cheng, W. W., Lin, C. T., Chu, F. H., Chang, S. T., & Wang, S. Y. (2009). Neuropharmacological activities of phytoncide released from Cryptomeria japonica. *Journal of Wood Science, 55*(1), 27-31.

31. Lin, C. Y., Chang, T. C., Chen, Y. H., Chen, Y. J., Cheng, S. S., & Chang, S. T. (2015). Monitoring the dynamic emission of biogenic volatile organic compounds from Cryptomeria japonica by enclosure measurement. *Atmospheric Environment, 122,* 163-170.

32. 林群雅、張上鎮、陳盈如、鄭森松（2016）。〈台灣森林芬多精釋出量監測及其功效——以柳杉為例〉。《林業研究專訊》，*23*(3)，48-51。

33. 簡偉哲、林群雅、許立升、張上鎮、張惠婷（2014）。〈台灣冷杉葉子揮發性物質與精油成份之分析〉。《中華林學季刊》，*47*(2)，215-223。

34. Dayawansa, S., Umeno, K., Takakura, H., Hori, E., Tabuchi, E., Nagashima, Y., ···Nishijo, H. (2003). Autonomic responses during

inhalation of natural fragrance of "Cedrol" in humans. *Autonomic Neuroscience: Basic and Clinical, 108*(1-2), 79-86.

35. Ikei, H., Song, C., & Miyazaki, Y. (2015). Physiological effect of olfactory stimulation by Hinoki cypress (Chamaecyparis obtusa) leaf oil. *Journal of Physiological Anthropology, 34*(1), 1-7.

36. Tsunetsugu, Y., Park, B. J., & Miyazaki, Y. (2010). Trends in research related to "shinrin-yoku" (taking in the forest atmosphere or forest bathing) in Japan. *Environmental Health and Preventive Medicine, 15,* 27-37.

37. Joung, D., Song, C., Ikei, H., Okuda, T., Igarashi, M., Koizumi, H., ⋯Miyazaki, Y. (2014). Physiological and psychological effects of olfactory stimulation with D-Limonene. *Advances in Horticultural Science, 28*(2), 90-94.

38. Li, Q., Kobayashi, M., Wakayama, Y., Inagaki, H., Katsumata, M., Hirata, Y., ⋯Miyazaki, Y. (2009). Effect of phytoncide from trees on human natural killer cell function. *International Journal of Immunopathology and Pharmacology, 22*(4), 951-959.

39. 翁煒杰（2019）。《國產材精油之生心理效益研究──以台灣肖楠及台灣杉為例》（未出版碩士論文）。國立臺灣大學。

40. 上原巖，姚巧梅譯（2013）。《療癒之森：進入森林療法的世界》。張老師文化。

41. Andrews, M., & Gatersleben, B. (2010). Variations in perceptions of danger, fear and preference in a simulated natural environment. *Journal of Environmental Psychology, 30*(4), 473-481.

42. Daniel, T. C. (2006). Public preferences for future conditions in disturbed and undisturbed northern forest sites. In S. M. McCaffrey, *The public and wildland fire management: social science findings for managers* (pp. 53-61). PA: U.S. Department of Agriculture, Forest Service, Northern Research Station.

43. Edwards, D. M., Jay, M., Jensen, F. S., Lucas, B., Marzano, M., Montagné, C., ⋯Weiss, G. (2012). Public Preferences Across Europe for Different Forest Stand Types as Sites for Recreation.

*Ecology and Society, 17*(1), 27.

44. Takayama, N., Saito, H., Fujiwara, A., & Horiuchi, M. (2017). The effect of slight thinning of managed coniferous forest on landscape appreciation and psychological restoration. *Progress in Earth and Planetary Science, 4,* 17.

45. Saito, H., Horiuchi, M., Takayama, N., & Fujiwara, A. (2019). Effects of managed forest versus unmanaged forest on physiological restoration from a stress stimulus, and the relationship with individual traits. *Journal of Forest Research, 24*(2), 77-85.

46. Martens, D., Gutscher, H., & Bauer, N. (2011). Walking in "wild" and "tended" urban forests: The impact on psychological well-being. *Journal of Environmental Psychology, 31*(1), 36-44.

47. Stoltz, J., Lundell, Y., Skärbäck, E., van den Bosch, M. A., Grahn, P., Nordström, E. M., & Dolling, A. (2016). Planning for restorative forests: describing stress-reducing qualities of forest stands using available forest stand data. *European Journal of Forest Research, 135*(5), 803-813.

48. An, K. W., Kim, E.Il, Jeon, K. S., & Setsu, T. (2004). Effects of forest stand density on human's physiopsychological changes. *Journal of the Faculty of Agriculture Kyushu University, 49*(2), 283-291.

49. 張臣家（2019）。《林分密度生心理效益：以溪頭自然教育園區柳杉林為例》（未出版碩士論文）。國立臺灣大學。

# 6 森林療癒在台灣

1. Tsao, T. M., Tsai, M. J., Wang, Y. N., Lin, H. L., Wu, C. F., Hwang, J. S., ... & Su, T. C. (2014). The health effects of a forest environment on subclinical cardiovascular disease and heath-related quality of life. *PloS one, 9*(7), e103231.

2. Yu, C. P., Lin, C. M., Tsai, M. J., Tsai, Y. C., & Chen, C. Y. (2017). Effects of short forest bathing program on autonomic nervous

system activity and mood states in middle-aged and elderly individuals. *International journal of environmental research and public health, 14*(8), 897.

3. 張臣家（2019）。《林分密度生心理效益：以溪頭自然教育園區柳杉林為例》（未出版碩士論文）。國立臺灣大學。

4. 翁煒杰（2019）。《國產材精油之生心理效益研究──以台灣肖楠及台灣杉為例》（未出版碩士論文）。國立臺灣大學。

5.Chen, H. T., Yu, C. P., & Lee, H. Y. (2018). The Effects of Forest Bathing on Stress Recovery: Evidence from Middle-Aged Females of Taiwan. *Forests, 9* (7), 403.

6.Yu, C.-P. & Hsieh, H. (2020). Beyond Restorative Benefits: Evaluating the Effect of Forest Therapy on Creativity. *Urban Forestry and Urban Greening, 51,* 126670.

7.Yu, C.-P., Chen, H.-T., Chao, P.-H., Yin, J., & Tsai, M.-J. (2021). The Role of Social Context in Physiological and Psychological Restoration in a Forest: Case Study of a Guided Forest Therapy Program in Taiwan. *International Journal of Environmental Research and Public Health, 18*(19), 10076.

8.Li, Y. (2010). Epidemiological Survey of Depressive Disorder in Greater KaohsiungCity: Prevalence and Risk Factors; National Science Committee, Executive Yuan: Taipei, Taiwan.

9.World Health Organization (2002). Active ageing: A policy framework. *The Aging Male, 5,* 1-37.

LOHAS・樂活

# 森林療癒力：forest, for＋rest，走進森林讓身心靈休息、讓健康永續

2022年7月初版　　　　　　　　　　　　　　　　定價：新臺幣480元
有著作權・翻印必究
Printed in Taiwan.

| | | |
|---|---|---|
| 著　　者 | 余　家　斌 | |
| 叢書主編 | 林　芳　瑜 | |
| 特約編輯 | 倪　汝　枋 | |
| 美術設計 | 大　　石 | |

| | | |
|---|---|---|
| 出　版　者 | 聯 經 出 版 事 業 股 份 有 限 公 司 | 副總編輯　陳　逸　華 |
| 地　　　址 | 新北市汐止區大同路一段369號1樓 | 總　編　輯　涂　豐　恩 |
| 叢書主編電話 | （02）86925588轉5318 | 總　經　理　陳　芝　宇 |
| 台北聯經書房 | 台 北 市 新 生 南 路 三 段 9 4 號 | 社　　　長　羅　國　俊 |
| 電　　　話 | （ 0 2 ） 2 3 6 2 0 3 0 8 | 發　行　人　林　載　爵 |
| 台中辦事處 | （ 0 4 ） 2 2 3 1 2 0 2 3 | |
| 台中電子信箱 | e-mail：linking2@ms42.hinet.net | |
| 郵 政 劃 撥 帳 戶 | 第 0 1 0 0 5 5 9 - 3 號 | |
| 郵 撥 電 話 | （ 0 2 ） 2 3 6 2 0 3 0 8 | |
| 印　刷　者 | 文 聯 彩 色 製 版 有 限 公 司 | |
| 總　經　銷 | 聯 合 發 行 股 份 有 限 公 司 | |
| 發　行　所 | 新北市新店區寶橋路235巷6弄6號2樓 | |
| 電　　　話 | （ 0 2 ） 2 9 1 7 8 0 2 2 | |

行政院新聞局出版事業登記證局版臺業字第0130號

本書如有缺頁，破損，倒裝請寄回台北聯經書房更換。　ISBN 978-957-08-6403-8（平裝）
聯經網址：www.linkingbooks.com.tw
電子信箱：linking@udngroup.com

圖片版權©雪羊（黃鈺翔）
頁18-19新店和美山頂展望／頁36-37中央尖瀑布／頁64-65石門山人潮
頁100-101奇峻山星夜／頁132-133灰熊巨杉／頁164-165嘉平林道健行
頁196-197淡蘭中路過橋

國家圖書館出版品預行編目資料

森林療癒力：forest, for＋rest，走進森林讓身心靈休息、讓健康
永續／余家斌著．初版．新北市．聯經．2022年7月．240面＋16面別冊．
14.8×21公分（LOHAS・樂活）
ISBN　978-957-08-6403-8（平裝）

1.CST：自然療法　2.CST：森林

418.96　　　　　　　　　　　　　　　　　　　　　　1110009720

# 療癒森林 TOP 8

精選臺灣最療癒的8個森林遊樂區
炎炎夏日，上山走走吧！

## 太平山

高山翠峰湖、寂靜山徑、鳩之澤溫泉，有哪裡能比太平山更深度撫慰身心？

## 八仙山

浸入沁涼十文溪水，享鳥聲天籟，走讀＿山美景與林業遺跡＿

## 東眼山

玩木育手作、在美麗的人工林抱樹森呼吸，最容易親近的森林第一名。

## 奧萬大

瀑布冥想、夜觀生＿部落美食，每個季＿奧萬大都令人眷戀＿

## 阿里山

臥向繁星明月，迎著日出做瑜珈，在神木腳下啜飲一杯好茶，最美的靜好時光。

## 雙　流

涉淺瀨感受清涼、＿吹風賞景，夏天就＿雙流聽瀑布唱歌＿

## 富　源

日蝶夜螢、繁花綠樹間享受溫泉療養，在這個世外桃源與大地重新連接。

## 知　本

香氣漫遊、季風和＿浴，感受山川萬物＿們的厚愛。

# oward
## RESORT Xitou
福華 · 溪頭

雲霧留山
柳杉香氣
入住森林最美。

```
 ┌ 1
 2 ┤ 3
   4
```

1. 大學樓雙床房
2. Hovii Cafe
3. 雲杉自助餐
4. Smile One 精緻涮涮鍋

洽訂住宿 049-261 2588
洽訂餐食 049-261 2588 #3024

**Hotel Web**　　　**Facebook**

# 溪頭森林邦 2022

## 活動推薦

## 上山望美景

森林漫步
07/31−08/01 | 08/28−08/29
09/25−09/26 | 10/30−10/31
11/27−11/28 | 12/25−12/26

夜觀體驗
6人成行・日日開團・需提前預約

## 山間做手作

藥草球 | 苔球 | 手工木筷 | 茶席體驗

## 入林森呼吸

木癒力・國產森林精油

#柳杉 | 沉靜入眠　#扁柏 | 專注提神
#香杉 | 晨喚甦醒　#紅檜 | 紓壓放鬆
#肖楠 | 安定心神　#牛樟 | 紓壓放鬆

快來官網預約
**優惠價**
不定期優惠等你拿

加入粉絲專頁
**新活動**
最新通知搶第一

溪頭福華渡假飯店 | 森林邦 | 溪頭自然教育園區

一個人的森活指南

# 森林療癒活動注意事項

## **A.** 行前準備確認事項表

（以下任一選項選「是」就不要上山了）

|  | 是 | 否 |
|---|---|---|
| 一週內是否有天災<br>（颱風、豪雨或地震） |  |  |
| 身體是否不適 |  |  |
| 無行程計畫 |  |  |
| 還沒通知親朋好友 |  |  |
| 山上溫度 | ＿＿＿＿＿＿ ℃ | |

## B. 森林療癒裝備重點

### 服裝

- 出發前先確認山上的溫度選擇衣物。一日郊山行程，建議穿著快乾排汗的短袖上衣，攜帶輕便保暖衣、抗風外套與雨衣。
- 長褲或壓縮褲搭配短褲。
- 登山健行鞋，並搭配比鞋筒高的登山襪。

### 隨身必備

- 手機與行動電源（用防水袋裝妥）先充飽電，並隨身攜帶。
- 攜帶約 1500-2000c.c. 的水以備不時之需。
- 攜帶行動糧隨時補充體能。

### 其他裝備

- 視需求準備 10-25 公升輕便背包。
- 遮陽帽、墨鏡、登山杖、護膝、頭巾、手套、相機等。

# C. 登山活動注意事項

天氣驟變就請直接下山，山永遠都在，不必急於一時。

不要走無人跡的山路，盡量走在步道上。

慢慢喝水不要狂飲。

走路時全腳掌著地，可以使用更多的肌肉來支持身體，穩定性更高，能減輕腳踝承受的壓力。

走路時使用規律性的小步伐慢慢行走，可以縮短肌肉每一步間的運動時間，讓肌肉在行進間休息，會走得更輕鬆。

行進間調整呼吸與步伐，深吸慢吐不要短促呼吸，可以讓氧氣充分供給肌肉，會越走越舒服。

可使用登山杖，減輕雙腳運動量以及膝蓋負擔，在走下坡步道時會相當有幫助。

# D. 山上偶發狀況

身體若有不適先就地休息，若無好轉跡象，盡快撥打119與112，或是與管理單位聯繫請求協助。

若要讓救難人員以最快的速度找到你，可以在等待救援的地點打開手機定位功能與「指南針」，或類似功能的APP，將螢幕截圖後，報案時一併告知救難人員圖面上的「北緯、東經」讀數，即可成功讓對方掌握你的位置。

受傷即立刻進行簡單處置，再視情況決定繼續前進或是下撤，必要時撥打電話求援。若是有毒動、植物造成的傷害，在安全無虞的情況下應拍攝或是記住它的特徵樣貌，以利後續醫療診斷。

如果在山上迷路，應避免來回奔跑消耗體力，盡快撥打電話求援，若是當地無訊號，建議原地等待救援，並用人工物品（布條、衣物等）在容易被看到之處做記號。

## E. 無痕山林

**1**
不留下廚餘、
垃圾

**2**
不移動當地的
任何物品

**3**
不隨意採集
花草植物

**4**
不餵食
野生動物

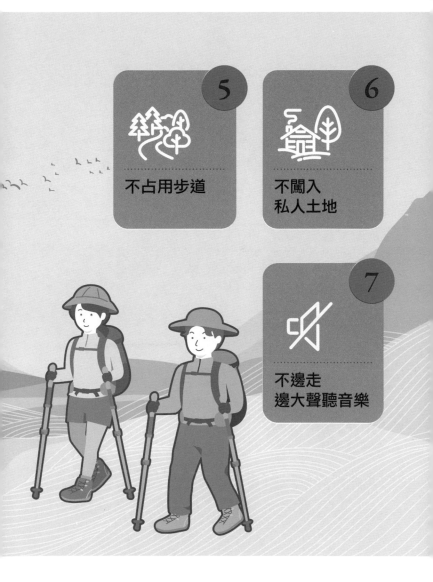

**5** 不占用步道

**6** 不闖入
私人土地

**7** 不邊走
邊大聲聽音樂

# 森林療癒健康檢測量表

## 心跳：

（次／分鐘）

| 活動前 | 活動後 |
|---|---|

**說明：**一般成年人正常之心跳速率為每分鐘 60-100 下，運動或緊張會使心跳加快，反之在森林中放鬆則會降低。

## 血氧濃度：

| 活動前 | 活動後 |
|---|---|

**說明：**正常狀態人體血氧濃度為 95-100%，如果數值低於 95% 就有缺氧情形，要注意身體異狀。在高山上因為海拔關係血氧會降低。

# 血壓：

（mmHg）

| | |
|---|---|
| 收縮壓 | 收縮壓 |
| 活動前 ——————— | 活動後 ——————— |
| 舒張壓 | 舒張壓 |

**說明：**血壓的正常值為收縮壓 140mmHg 以下，舒張壓 90mmHg 以下，隨著年齡增長血壓會上升。接觸自然有調節血壓的功能。

# 運動步行數：

步

## PART ③

# 自己可以體驗的森林療癒活動

## A. 森之呼吸

**Step 1**

在林間找一個舒適的地方,或坐或站,手放在腹部,閉上雙眼。

**Step 2**

深入而緩慢地用鼻子吸入空氣,吸氣時腹部自然膨脹。盡量吸飽氣讓胸腹鼓起,吸氣5秒鐘,吸氣時默數1秒鐘、2秒鐘、3秒鐘……

**Step 3**

吸飽氣後閉氣5秒,同樣默數1秒鐘、2秒鐘、3秒鐘……

**Step 4**

用口緩慢地將氣呼出,5秒鐘的時間把所有的氣盡量呼出,讓腹部凹下,同樣默數1秒鐘、2秒鐘、3秒鐘……

**Step 5**

上述呼吸步驟重複練習5-10次,或練習5-10分鐘。

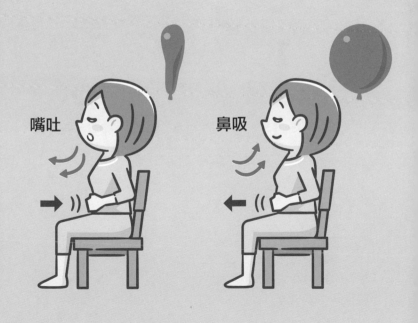

**小訣竅:**

1. 鼻子吸氣嘴巴吐氣。
2. 吐氣時越慢越好。
3. 把肚子想像成無形氣球,吸氣時凸起,吐氣時凹下。
4. 每個呼吸步驟默數 1 秒鐘、2 秒鐘、3 秒鐘⋯⋯

嘴吐

鼻吸

# **B.** 聲音地圖

Step 1
在林間找一個舒
適的地方坐下來
閉上眼睛。

（表示自己）

Step 3
仔細聆聽附近的
聲音，然後在紙
上標註出聲音的
位置。

拿起一張紙、一支筆,想像自己在紙張的正中央。

仔細聆聽 10 分鐘,紙上聲音會愈來愈豐富。

## C. 北歐式健走

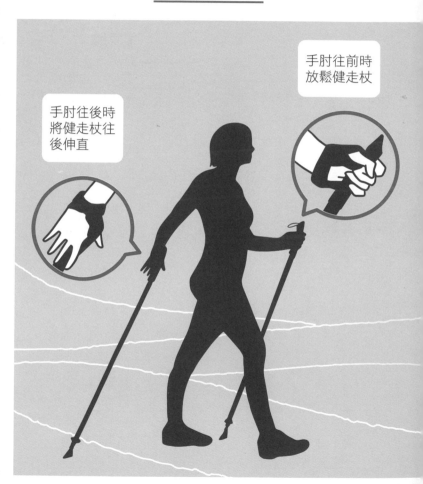

**Step 1**

立正站好，握住手柄，
杖尖觸地，調整健走杖的長度，
與手肘成 90 度。

**Step 2**

繫好腕帶。

**Step 3**

自然行走，拖行健走杖。

**Step 4**

手臂自然擺動，
手肘往後時將健走杖往後伸直，
手肘往前時則放鬆健走杖。

**Step 5**

習慣前一步驟後再慢慢大步向前。

# D. 森林裡的彩虹

| | | |
|---|---|---|
| 紅 | 橙 | 黃 |
| 綠 | **尋找森林裡的彩虹**<br>請記錄下找到這個<br>顏色時的心情 | 藍 |
| 靛 | 紫 | 金 |

別冊內文摘自《森林療癒力》頁 206-223